루소와 볼테르

인류의 진보적 혁명을 논하다

「이 도서의 국립중앙도서관 출판예정도서목록(CIP)은 서지정보유통지원시스템 홈페이지(http://seoji.nl.go.kr)와 국가자료공동목록시스템(http://www.nl.go.kr/kolisnet)에서 이용하실 수 있습니다.(CIP제어번호: CIP2017026062」

루소와 볼테르
인류의 진보적 혁명을 논하다
ⓒ 강대석 2017

초판   1쇄 발행일 2017년 10월 23일

지 은 이   강대석
펴 낸 이   이정원

편집책임   선우미정
편   집   이동하
디 자 인   김정호
마 케 팅   나다연 · 이광호
경영지원   김은주 · 박소희
제   작   송세언
관   리   구법모 · 엄철용

펴 낸 곳   도서출판 들녘
등록일자   1987년 12월 12일
등록번호   10-156
주   소   경기도 파주시 회동길 198
전   화   편집 031-955-7385 마케팅 031-955-7378
팩시밀리   031-955-7393
홈페이지   www.ddd21.co.kr
페이스북   www.facebook.com/bluefield198

I S B N   979-11-5925-286-0 (03100)

푸른들녘은 도서출판 들녘의 청년 브랜드입니다.

<빛고을 철학 포럼>

루소와 볼테르

인류의 진보적 혁명을 논하다

강대석 지음

푸른들녘

INVITATION

세기의 철학 토론 〈빛고을 철학 포럼〉에
여러분을 초대합니다.

주　제 : 방랑의 철학자 루소 vs. 도전의 철학자 볼테르
일　시 : 2017년 10월 27일, 오전 9시~오후 1시, 오후 3시~7시
　　　　2017년 10월 28일, 오전 9시~오후 1시
장　소 : 국립아시아문화전당(Asia Culture Center) 제1극장

패　널 : 볼테르, 루소, 칸트
사　회 : 강물

차　례 : 제1부_철학자, 삶을 말하다
　　　　인터미션_축시 낭독, 연극 공연
　　　　제2부_철학자, 사상을 논하다

볼테르와 루소는 21세기에도 유효하다

2016년의 〈장가계 철학 포럼〉『망치를 든 철학자 니체 vs. 불꽃을 품은 철학자 포이어바흐』에 이어 두 번째 철학 포럼이 대한민국의 혁명 도시 광주에서 펼쳐진다. 무등산을 배경으로 아담하게 서 있는 〈국립 아시아문화전당(Asia Culture Center)〉 제1극장에서 개최되는 이 철학 토론에는 프랑스의 철학자 볼테르(Voltaire, 1694~1778)와 루소(Jean-Jacques Rousseau, 1712~1778)가 등장한다. 철학의 무대가 독일로부터 프랑스로, 19세기로부터 18세기로 옮겨간 것이다. 이들은 1789년의 프랑스혁명을 이념적으로 준비해준 철학자들이다. 감옥에서 이들의 책을 읽은 프랑스의 왕 루이 16세는 "이 두 사나이가 프랑스를 망쳤다"라고 말했는데, 이는 매우 정확한 표현이었다. 두 사람은 당시 진보적인 학문의 전파에 앞장섰던 『백과전서』의 저술에 동참하였으며 당시의 사회적 모순을 비판하고 개혁하는 데 앞장섰다. 그러나 이들이 추구한 이상은 일치하지 않았으며 그렇기 때문에 말년에는 서로 상대를 비판하는 적대적인 관계에 들어섰다. 이들은 다가올 혁명을 바라보며 다 같이 1778년에 눈을 감았다.

이 철학 토론에 독일의 철학자 칸트(Immanuel Kant, 1724~1804)가 토론자로 초청되었다. 프랑스혁명을 철학적으로 완성하려 하면서 독일 고전 철학의 길을 열어준 칸트의 참여는 토론의 객관성을 높여주고 프랑스 철학과 독일 철학의 차이를 제시하는 데 많은 기여를 할 것이다. 여기에 등장하는 세 철학자가 모두 인류의 진보적인 혁명과 연관되어 있으므로 혁명의 도시 광주와 잘 어울릴 것으로 생각한다.

역사를 크게 봉건사회와 시민사회로 양분하는 프랑스혁명을 둘러싼 이념적인 논쟁은 오늘날 우리에게도 많은 교훈을 주고 있다. 볼테르와 루소는 과거의 일만이 아니고 현재와 미래의 일이기도 하다. 다가올 미래의 세계를 위한 이념을 우리도 항상 준비해야 한다. 또한 철학이 이론적인 연구에만 머물러 있는 우리의 철학 풍토에도 이들의 실천적인 철학이 많은 것을 가르쳐줄 것이다. 철학적 내용과 예술적 형식을 조화시켜 서술한 이 책이 철학을 전공하는 사람은 물론 철학에 관심이 있는 청년들에게도 참신한 읽을거리가 되기를 바란다.

차례

포럼의 문을 열며

강물(사회자): 이 철학 토론을 방청하기 위해서 전국 각지와 세계 여러 곳에서 모이신 여러분, 그리고 세계 곳곳에서 이 토론을 지켜보시는 시청자 여러분, 안녕하십니까? 제1차에 이어 제2차 철학 포럼의 사회를 맡은 한국의 강물입니다. 먼저 이 포럼에 참석하는 세 분의 철학자를 소개하겠습니다. '인류의 진보적인 혁명'이라는 포럼의 주제가 말해주는 것처럼 이 포럼의 주인공은 18세기 프랑스 철학자 루소와 볼테르 선생님입니다. 이와 함께 독일의 칸트 선생님이 토론자로 참석했습니다. 멀리서 오신 세 분 철학자님께 뜨거운 박수를 부탁합니다. 먼저 인사말이 있겠습니다. 연장자이신 볼테르 선생님께서 시작해주세요.

(일동 우레 같은 박수)

볼테르: 안녕하십니까? 나는 지난 번 〈장가계 철학 포럼〉에서 질문자로 잠깐 등장했는데 이번 〈빛고을 철학 포럼〉의 주인공이 된 것을 무한한 영광으로 생각합니다. 특히 같은 시대에서 활동했던 루소 선생님과 철학적인 논쟁을 벌이게 되어 감회가 새롭습니다. 비판적인 철학 저술로 명성을 날린 칸트 선생님이 참석한 것도 반가운 일입니다. 선생님이 너무 철학적인 질문을 하지 않을까 걱정입

볼테르
(Voltaire, 1694~1778)

니다만, 이 토론을 지켜보고 있는 온 세계의 시청자들을 위해 토론에 성심껏 임하겠습니다. 나는 이 토론장에 들어오면서 이곳이 5·18 민주광장에 있다는 것을 알게 되었는데요. 덕분에 줄곧 1789년의 프랑스혁명을 생각했습니다. 낡은 것을 무너뜨리고 새로운 것을 찾아가려는 인류의 소망은 혁명을 통해 나타나며 그런 의미에서 혁명을 지향하는 사람은 모두 형제와 같습니다. 광주시민들에게 경의를 표합니다.

(일동 우레 같은 박수)

루소: 안녕하십니까? 나도 볼테르 선생님과 마찬가지로 혁명을 위해서, 다시 말하면 새로운 사회의 실현을 위해서 산 사람입니다. 그 때문에 먼 곳을 마다 않고 이 토론에 참석했지요. 18세나 연상이신 볼테르 선생님을 처음 만났을 때 나는 배우

장 자크 루소
(Jean-Jacques Rousseau,
1712~1778)

는 입장이었습니다. 그러나 나의 인생관이 확고해지면서 나는 나대로의 길을 걸었습니다. 오늘 '빛고을'이라는 이름을 지닌 이 도시에서 볼테르 선생님과 대등한 입장에서 철학 토론을 하게 된 것을 무한한 영광으로 생각합니다. 지난날에 하지 못했던 논쟁을 이제 마음껏 할 수 있게 되었으니까요! 또한 철학계의 거성인 칸트 선생님을 만나게 된 것도 영광입니다. 감사합니다.

(일동 우레 같은 박수)

칸트: 안녕하십니까? 두 분의 철학 논쟁에 끼어들어 방해나 하지 않을까 걱정입니다. 나는 원래 여행을 싫어합니다. 태어나고 활동했던 북독의 작은 도시 쾨니히스베르크를 일생 동안 거의 떠나본 적이 없을 정도지요. 먼 동양의 도시 광주에서 개최되는 철학 포럼에 초청을 받고 한동안 망설였습니다만 호기심이 나를 유혹했습니다. 평생 해 보지 못한 여행을 떠나보기로 결심한 거예요. 나는 독일 사람입니다만 내가 살았던 시대의 독일과 프랑스는 비슷한 상황에 있었습니다. 봉건 잔재를 청산하고 시민사회로 나아가는 과도기지요. 당시의 독일 철학자들도 두 선생님을 비롯한 프랑스 계몽주의 철학자들로부터 많은 것을 배웠는데요. 흥미로운 이 토론을 통해 나도 많은 것을 배울 것 같습니다. 그리고 특히 나에게 감동을 준 것은 분단국가에서 이 토론이 진행된다는 사실입니다. 나는 항상 전쟁을 멀

이마누엘 칸트
((Immanuel Kant, 1724~1804)

리하고 평화를 사랑하는 인민들의 편을 들었습니다. 이 포럼이 계기가 되어 이 나라에서도 비이성적인 분단이 종식되고 통일의 빛이 열리기를 기원합니다. 한 민족의 분단은 이성적인 사회를 실현하려는 독일 고전 철학의 정신과도 배치됩니다. 감사합니다.

(일동 우레 같은 박수)

제1부

철학자, 삶을 말하다

이성의 횃불을 들어라_혁명 전야의 프랑스

그럼 먼저 칸트 선생님께서 볼테르와 루소 선생님이 활동했던 18세기 프랑스를 중심으로 유럽의 사회적 배경을 간단하게 설명해주시기 바랍니다.

칸트: 17세기로부터 18세기에 이르는 기간은 세계 역사상 큰 변화의 시기였습니다. 봉건주의 사회로부터 시민사회로 넘어가는 혁명의 시기였지요. 철저한 신분제 사회였던 봉건주의로부터 신분이 철폐되고 자유와 평등이 실현되는 시민사회로 넘어가는 과정은 결코 평탄한 길이 아니었습니다. 그 과정을 보면, 우선 절대군주제라는 것이 존재했습니다. 일종의 봉건 잔재로서 이를 청산하고 완전한 시민사회를 이룩하는 데에는 시민들이 주동한 혁명이 필요했습니다. 이러한 혁명은 물론 그 사회의 경제적 발전과 맞물렸어요. 산업혁명을 통해 가장 먼저 경제적 번영을 누리기 시작한 영국에서 유럽 최초의 시민혁명이 시작된 것은 결코 우연이 아닙니다. 17세기에 이미 영국인들

테니스 코트의 서약.
1789년 6월 20일 프랑스에서 제3신분 평민의원들이 베르사유 궁전의 테니스 코트에 모여 헌법 제정을
목적으로 국민의회의 해산을 거부했던 사건으로 프랑스혁명의 도화선이 되었다(자크 루이 다비드 작).

은 명예혁명의 형태로 시민혁명을 완수했고 프랑스에서는 절대군주제를 무너뜨리는 혁명이 18세기 말에 일어났습니다. 그러므로 두 선생님이 활동했던 시대는 혁명 전야의 시기였다고 말할 수 있습니다.

청중의 이해를 돕기 위해 칸트 선생님에게 세 가지 질문을 드리겠습니다. 봉건주의를 무너뜨리고 시민사회로 나아가는 데 왜 혁명이 필수적입니까? 그런데 영국에서는 어떻게 피를 거의 흘리지 않는 명예혁명이 가능했나요? 또 하나, 독일에서 뒤늦게야 시민혁명이 발발한 이유는 무엇입니까?

칸트: 한 시대의 지배계급이 스스로 그 권리를 양도하고 물러가는 경우는 거의 없습니다. 따라서 권력을 갖지 못한 민중은 혁명이라는 폭력적인 수단을 동원하여 권력을 쟁취할 수밖에 없어요. 1640년에서 1688년 사이에 일어난 영국의 시민혁명 과정에서도 피를 전혀 흘리지 않은 것은 아닙니다. 1649년에 영국의 왕 찰스 1세가 군중 앞에서 참수를 당했잖아요? 명예혁명이란 1688년에 제임스 2세가 의회의 결정에 굴복하고 왕위를 포기한 사건인데, 그 후 의회는 시민의 권리를 옹호해주는 '권리장전'을 성립시킵니다. 시민들의 사유재산권을 보호해주고 권력자가 자의로 시민들을 체포하거나 구금할 수 없게 만든 법령이지요. 그러나 왕권은 계속됩니다. 참된 혁명이 없었기 때문입니다. 이 시기에 시민계급은 이미 경제적으로 성장하여 농민들의 도움을 받지 않고서도 왕권을 규제할 능력을 갖고 있었기에 타협의 길을 선택했습니다. 결국 극단을 피하는 영국인의 타협 정신이 명

예혁명의 형태로 나타난 것입니다. 독일에서는 1848년에 처음으로 시민혁명이 일어났지만 그것도 실패하고 말았습니다. 실패한 이유는 독일의 역사적 배경과 결부됩니다. 군소군주국으로 분산되었던 독일에서 시민계급의 의식은 성숙하지 못했고, 자체적으로 혁명을 완수할 능력이 없었으며, 농민과의 협력도 두려워했기 때문에 결국 시민혁명이 실패할 수밖에 없었습니다.

칸트 선생님, 선생님으로부터 출발하여 피히테(Fichte)*와 셸링(Schelling)**을 거쳐 헤겔(Hegel)***에 이르는 독일 고전 철학이 이웃나라에서 수행된 시민혁명을 이론적으로 완성하려는 시도였다는 의견이 있는데 이에 동의하십니까?

칸트: 이 말에는 비난과 칭찬의 의미가 다 같이 들어 있습니다. 독일인들은 실천에 등을 돌리고 이론에만 집착한다는 비판의 목소리도 들어 있고, 이성적으로 사회를 변화시키려는 시민사회의 이상에 독일 지식인들이 동참했다는 목소리도 들어 있습니다. 훗날 이 시기의 독

---

* 피히테(Johann Gottlieb Fichte, 1762~1814)는 독일의 철학자이다. 칸트 철학을 이어받아 이상주의적 철학을 전개했고, 프랑스 점령하에 베를린에서 한 '독일 국민에게 고함'이라는 강연으로 유명하다. 저서로 『지식학의 기초』, 『인간의 사명』 등이 있다.

** 셸링(Friedrich Wilhelm Joseph von Schelling, 1775~1854)은 독일 관념론의 대표자 가운데 한 사람이다. 주관과 객관의 절대자를 찾는 동일 철학을 주장하고, 만년에는 신화와 계시의 철학을 연구했다. 저서에 『나의 철학 대계』, 『인간 자유의 본질에 대한 철학적 탐구』 등이 있다.

*** 헤겔(Georg Wilhelm Friedrich Hegel, 1770~1831)은 독일 관념론의 완성자로서 자연, 역사, 정신의 모든 세계는 끊임없이 변화하고 발전하여 가는 과정이며 이들은 정반(正反), 정반합(正反合)을 기본 운동으로 하는 관념의 변증법적 전개 원리로 설명될 수 있다고 주장했다. 이 변증법적 원리는 이후의 맑스주의에 비판적으로 계승되어 19세기 이후의 사상과 학문에 큰 영향을 끼쳤다. 저서에 『정신현상학』, 『논리학』 등이 있다.

Religion Lawes and Liberties might not again be in danger of being subverted Upon which Letters Elections having been accordingly made And thereupon the said Lords Spirituall and Temporall and Commons pursuant to their respective Letters and Elections being now assembled in a full and free Representative of this Nation taking into their most serious consideration the best meanes for attaining the ends aforesaid Doe in the first place (as their Auncestors in like case have usually done) for the vindicating and asserting their auntient Rights and Liberties Declare That the pretended Power of suspending of Lawes or the Execution of Lawes by Regall Authority without Consent of Parliament is illegall That the pretended power of dispensing with Lawes or the Execution of Lawes by Regall Authority as it hath beene assumed and exercised of late is illegall That the Commission for erecting the late Court of Commissioners for Ecclesiasticall Causes and all other Commissions and Courts of like nature are illegall and pernicious That levying money for or to the use of the Crowne by pretence of Prerogative without Grant of Parliament for longer time or in other manner then the same is or shall be granted is illegall That it is the right of the Subjects to petition the King and all Commitments and Prosecutions for such petitioning are illegall That the raising or keeping a standing Army within the Kingdome in time of Peace unlesse it be with Consent of Parliament is against Law That the Subjects which are Protestants may have Armes for their defence suitable to their Conditions and as allowed by Law That Election of Members of Parliament ought to be free That the freedome

의회군의 승리로 막을 내린 네이즈비 전투(1645)는 사실상 영국 시민혁명의 분기점이 되었다.

1848년 3월 19일, 베를린에서 혁명이 발발하다.

일 철학이 '독일 관념론'*으로 지칭되기도 하고 '독일 고전 철학'으로 지칭되기도 하는 것은 바로 이러한 이유에서입니다. 여하튼 이 시기의 독일 철학이 이성적인 시민사회의 완성을 염원했다는 것은 의심의 여지가 없습니다.

칸트 선생님이 영국 사람들의 특징으로 타협 정신을 들었는데 볼테르 선생님은 프랑스와 독일 사람들의 특징이 무엇이라 생각하십니까?

볼테르: 나는 한 나라 사람들의 특징을 말하는 데 좀 회의적입니다. 예컨대 영국 사람 가운데엔 타협 대신에 대결을 선호하는 사람도 있을 것입니다. 그러니까 한 나라 사람들의 특징을 규정하는 것은 과학적인 근거가 없다는 말입니다. 그러나 사람들은 일반적으로 그런 얘기를 하고 싶어 합니다. 프랑스 사람들은 독일 사람들을 '촌놈'이라 비웃고, 독일 사람들은 프랑스 사람들을 '바람둥이'라 놀리는 경우가 그렇지요. 하지만 그게 꼭 들어맞는 건 아닙니다. 일반적으로 프랑스 사람들이 사교적이고 활달한 반면 독일 사람들은 내면적이고 철학적인 것 같습니다. 독일 사람들은 울창한 숲속을 거닐면서 사색하기를 좋아합니다. 루소 선생은 자서전에서 프랑스 사람은 "천성이 보살피기 좋아하고, 인간미가 있고, 친절하고, 뭐니 뭐니 해도 어느 국민보다 진실이 담겨 있다. 다만 가볍고 변덕스럽다"라고 표현했습니다. 그런데 어떤 책에서 읽은 우스개가 생각납니다. 해외로 가는 여객선이

---

* 칸트를 시작으로 피히테, 셸링을 거쳐서 헤겔에 이르러 완성된 독일 고전 철학을 인식론적·존재론적 측면에서 이르는 말이다. 관념론을 공통적인 세계관으로 삼고 있다. 독일유심론((獨逸唯心論)이라고도 한다.

난파하여 서로 모르는 한 여자와 두 남자가 무인도에 도착했다면 어떻게 될까요? 세 사람이 모두 영국인이었다면 체면을 존중하는 이들을 소개해줄 사람이 없어 끝까지 혼자 살게 됩니다. 셋 다 말이지요. 이들이 프랑스인이었다면 이 여자는 한 남자와 결혼을 하고 다른 남자를 몰래 만납니다. 이들이 독일인이었다면 한 남자가 주례를 서고 나머지 두 사람이 결혼을 합니다. 이들이 러시아인이었다면 여자는 사랑하지 않는 사람과 결혼을 하고 셋은 바닷가에 앉아 영원히 슬퍼합니다. 민족의 특성을 지적해주는 재미있는 우스개입니다.

루소: 사회자의 나라인 한국 사람들의 특징은 무엇입니까? 볼테르 선생님이 이야기하는 경우를 한국 사람들에게 적용한다면 그들은 어떻게 되었을까요?

일반적으로 한국 사람들은 '백의민족'으로 불렸습니다. 흰 옷을 입은 평화를 사랑하는 민족이라는 뜻인데요. 그러나 이 별칭이 꼭 좋은 것만은 아닙니다. 역사적으로 우리나라는 일본을 비롯한 주변 강대국의 침략에 항상 시달렸으며 지금도 '분단'이라는 비극에서 벗어나지 못했어요. 독자적인 힘이 없었던 한국은 미국의 베트남 침략 전쟁에 동참하는 오점을 남기기도 했고요. 볼테르 선생님이 이야기하는 경우라면 한 남자가 두 여자와 결혼하여 함께 살았을 것이라 상상해봅니다. (일동 웃음) 그럼 다시 본론으로 들어가서 두 선생님이 활동했던 18세기 프랑스 사회와 연관하여 다시 칸트 선생님께 질문하겠습니다. 프랑스가 중심이 되는 18세기는 '혁명의 시기'라 불리기도 하지만 '이성의 시기'

라 불리기도 합니다. '이성의 시기'란 구체적으로 무엇을 의미하나요?

칸트: 나도 이성과 연관되는 책을 많이 썼습니다만, 여기 계시는 두 선
　생님을 비롯하여 당시 프랑스 철학자들은 '이성'에 대한 명확한 정의
　를 내리지 않았습니다. 그럼에도 불구하고 당시 사람들이나 그 후의
　사람들은 이 말의 의미를 잘 이해하고 있습니다. '이성'이란 인간정신
　이 지니는 비판적인 능력입니다. 다시 말하면 불합리하고 비이성적
　인 것을 가려내 비판하는 능력이지요. 물론 당시의 주요한 비판 대
　상은 비이성적인 종교, 그에 의존하는 봉건제도, 비과학적인 자연관
　등이었습니다. 전통적인 권위와 편견을 이성적인 사고를 통해 무너뜨
　리려는 진보적인 지식인들의 무기와 이상이 '이성'이라는 개념 속에
　요약된 것입니다. 그 출발은 영국의 철학자 베이컨*이고요.

18세기를 '이성의 시대'라 부르기도 합니다만, 어떤 사람들은 '루소의
시대'라 부르기도 합니다. 자연과 감성을 중시한 루소 선생님은 이를
어떻게 생각하세요?

루소: 좀 과장된 표현입니다. 물론 나의 철학에는 구질서를 무너뜨리고
　새로운 사회를 건설해야 한다는 혁명적인 사상이 들어 있습니다. 그

---

* 　영국의 철학자·정치가(1561~1626). 근대 경험론의 선구자로 스콜라 철학을 비판하고, 관찰과 실험에
기초를 둔 귀납법을 확립했다. 근대 과학의 방법론에 커다란 영향을 주었다. 저서에 『노붐 오르가눔』, 『수상
록(隨想錄)』, 『이상향(理想鄕)』 등이 있다. 베이컨을 비롯한 영국 철학이 혁명의 시대에 미친 영향은 이 책
의 〈영국 철학〉 편을 참조하라.

「사회계약론」삽화

러나 주장이나 사상만이 사회를 변화시키는 것은 아닙니다. 민중의 힘이 작용해야 합니다. 나는 항상 민중의 힘을 신뢰하며 민중이 중심이 되는 사회의 실현을 염원하였고, 그것을 나의 저술 『사회계약론』*에서 표현했습니다. 다만 감성과 이성, 자연과 사회를 형이상학적으로 구분하는 데는 반대합니다. 이들은 서로 맞물려 있어요. 내가 감성, 사랑, 자연에만 빠졌다면 나의 이념이나 저술들은 매우 편협하게 되었을 겁니다. 나는 항상 사회생활에서의 합리성이 중요하다는 사실을 잊지 않았습니다.

---

* 1762년에 루소가 쓴 사회사상서. 사회 계약설과 인민 주권론을 바탕으로 이상 국가를 실현하자는 내용이다. 프랑스 혁명을 이론적으로 뒷받침한 근대 민주론의 결정판으로 간주된다. 새로운 사회의 적극적인 구상을 제시한 이 책은 총 4편으로 구성되며, '일반의지'와 '사회계약'에 대한 루소의 이론을 배경으로 삼았다. '일반의지'는 자유와 평등을 지향하는 인민의 의지로서 이야말로 주권의 기초가 되는 것이다. 루소는 법이나 정부도 여기서 비롯되어야 한다고 보았다. 일반의지는 절대적인 것으로 타인에게 양도나 분할될 수 없다. 따라서 주권 또한 절대적이다. 루소의 『사회계약론』은 이와 같은 국민의 일반의지가 국가 형성 과정에서 어떻게 작동해야 하는지를 밝힌 책이다. 즉, 각 개인은 자유와 평등을 최대한 확보하면서 공동 이익을 지키기 위해 하나의 약속을 하고 국가를 형성하는데, 이것이 바로 '사회계약'이다. 루소는 사회계약이 주권자인 개개인 상호간의 약속이며 지배자에 대한 국민의 복종을 뜻하는 것이 아니라고 강조했다.

사랑과 모험의 시절_철학자들의 청년기

먼저 두 선생님께서 청년 시절의 삶을 간단히 소개해주시기 바랍니다. 미비한 점은 질문을 통해서 보충하는 방식으로 토론을 진행하겠습니다. 토론을 계속하기 전에 제가 청중을 위해 토론자이신 칸트 선생님의 생애를 간단히 소개하겠습니다.

칸트 선생님은 1723년 4월 22일, 지금은 소련의 도시가 된 동프로이센의 쾨니히스베르크에서 마구공의 아들로 태어났습니다. 선생님은 쾨니히스베르크 대학에서 철학, 수학, 신학을 공부한 후 이 대학의 교수로 재직했는데요. 앞에서 직접 언급하신 것처럼 선생님은 이 도시를 거의 떠나지 않았습니다. 매일 저술과 강의와 산책을 규칙적으로 반복했으며 그것 때문에 노년까지 건강을 유지할 수 있었습니다. 선생님은 끝까지 독신으로 머물렀습니다. 선생님은 초기에 상당히 유물론적이었습니다. 초기의 대표적인 저술이 『일반 자연사와 천체론』인데, 이 책에서 선생님은 우주의 신비화를 거부하고 과학적인 방법으로 자연을 해석하려는 근세의 자연 철학적인 경향을 보여줍니다. 선생님은 세계의 근원인 물자체(Ding an sich)*를 가정합니다. 다시 말하면 그 자체로 존재하는 물질로부터 세계가 발생했다는 주장이지요. 그러나 선생님은 점차 물자체의 인식이 불가능하다고 말하면서 회의주의와 관념론으로 기울어집니다. 선생님의 주저로 3대 비판서가 있는데요. 『순수이성비판』**은 인식의 문제를, 『실천이성비판』***은 도덕의 문제를, 『판단력비판』****은 미와 예술의 문제를 다루었습니다. 그 외에도 선생님은 정치와 종교 문제에 관한 저술도 집필하셨지요. 그럼 먼저 볼테르 선생님께 부탁드립니다.

---

*   인식하는 각자의 주관에 나타나는 현상(現象)으로서의 물(物)이 아니라 그 자체로서 존재하는 물(物)이란 뜻이다. 이는 칸트 철학의 중심 개념으로서 일체의 가능성과 경험을 초월한 경지에 있는 것이며 현상의 너머에 있는 '참 실재'로서 감각의 원인이 된다. 칸트는 '물자체'라는 개념을 인정하면서 유물론에 가까워졌지만 다시 그것이 인식 불가능하다고 말함으로써 나중엔 회의주의와 관념론으로 기울어진다.

**   『순수이성비판』의 핵심 내용인 인식론의 특징을 한마디로 요약하면 "내용 없는 사유는 공허하고, 개념 없는 직관은 맹목적이다"라고 할 수 있다. 칸트는 인간의 인식이 '재료'와 '형식'이라는 요건을 갖춰야 이루어질 수 있다고 보았다. '재료'란 감각기관을 통해 받아들이는 외부의 자극이고, '형식'이란 인식의 재료를 받아들여 구성하는 인간의 능력을 말한다. 인식의 3가지 형식에는 '감성, 오성, 이성'이 있는데, 감성과 오성이 서로 도움을 주어야만 인식이 제대로 이루어진다고 보았다(더 자세히 알고 싶은 독자는 저자가 쓴 『명언철학사』에 나오는 〈칸트〉 편을 참조하기 바란다).

***   『실천이성비판』을 특징짓는 말은 "너의 인격과 다른 사람의 인격에 있어서 인간성을 항상 목적으로 대하고 수단으로 사용하지 않도록 행동하라"라고 할 수 있다. 이 명제는 흔히 이야기되는 '정언(定言)적 무상명령(categorical imperative)'의 하나로서 다른 사람의 인격을 수단이 아닌 목적으로 대하라는 뜻이다. 매우 훌륭한 주장임엔 틀림없지만 칸트의 윤리학은 너무 형식에 치우친 형식주의적 성격을 지니고 있기 때문에 비판을 받기도 한다.

****   『판단력비판』은 미학을 다룬 저서로 핵심은 "취미 판단을 규정하는 마음에 듦은 모든 이해관계를 떠나 있다"라는 명언으로 요약 가능하다. '취미 판단'이란 예술적인 판단을 말하는데, 아름답다거나 추하다 등을 판단하는 것을 이른다. 이 말은 곧 인간이 아름다움을 느끼는 순간이나 예술적인 감동을 판단할 때 모든 이해관계를 벗어나야 한다는 뜻이다. 이 주장은 훗날 미학자들에 의해서 '순수예술론'을 옹호하는 이론에 동원되기도 했다(더 자세히 알고 싶은 독자는 저자가 쓴 『명언철학사』에 나오는 〈칸트〉 편을 참조하기 바란다).

Kant's Wohnhaus.

칸트가 살았던 쾨니히스베르크의 집

쾨니히스베르크(현재 칼리닌그라드)에 있는 칸트 기념 동상

볼테르: 나는 1694년 11월 21일에 파리에서 공증인의 아들로 태어났습니다. 원래 이름은 프랑스와-마리 아루에(Francois-Marie Arouet)예요. 어렸을 때부터 시와 연극에 재능을 보였는데, 실용적인 것을 좋아했던 나의 아버지는 그런 나에게 실망하여 나의 장래에는 기대할 만한 것이 없다고 생각했습니다. 당시 출세하는 첩경은 성직자가 되든가 법관이 되든가 둘 중의 하나였거든요. 나는 결국 아버지의 뜻에 따라 법과대학에 들어갔지만 학교 공부를 소홀히 하고, 무신론과 쾌락주의를 추구하는 '탕플(Temple)'이라는 귀족들의 문학 살롱에 드나들면서 종교와 도덕을 비웃는 일에 열중했지요.

1715년 프랑스의 루이 14세가 죽자 왕위를 계승한 아들이 너무 어려서 필립 공이 섭정을 하게 됩니다. 이때 파리는 환락과 부도덕의 도시로 변했습니다. 나는 사회를 비판하는 시를 썼고 그것 때문에 바스티유 감옥에 구금되었습니다. 감옥에 있는 동안 나는 볼테르라는 필명을 사용하기 시작했고, 비로소 진짜 시인이 되었습니다. 여기서 나의 장편 시 「앙리아드」*가 완성되지요. 왕정은 나의 무죄를 인정하고 석방한 후 연금까지 지급했습니다. 감옥에서 나온 후 나는 무대로 덤벼들었습니다. 나의 희곡작품 「오이디푸스」**가 성공하자 나는 기고만장해졌고 그것 때문에 귀족들의 미움을 샀습니다. 결국

---

* 「라 앙리아드」는 볼테르가 1728년에 쓴 서사시다. 로마 가톨릭 교회와 개신교 간 종교 전쟁의 에피소드와 앙리 4세의 즉위를 노래한 시로서 광신의 무서움을 고발하고 프랑스의 정치 체제를 비판한 것이다. 자세한 내용은 49쪽에 나와 있다.

** 「오이디푸스」는 볼테르가 극작가로서의 삶을 시작하는 데 계기가 되어준 작품으로 '볼테르'라는 필명을 쓴 첫 작품이기도 하다. 기존 오이디푸스 이야기에 새로운 캐릭터와 또 다른 극적인 요소를 가미하여 그리스의 비극을 근대적인 시각에서 재해석한 작품이다.

볼테르가 구금되었던 바스티유(1717년 5월~1718년 4월)

『철학서간』 10장의 시작 부분(1735)

어떤 귀족과의 결투 사건에 연루되어 나는 영국으로 추방되었지요. 영국에 3년 동안 머물면서 나는 영국의 사회제도와 이념을 배워 『철학서간』*이라는 저술을 통해 조국 프랑스의 발전에 공헌하려 노력했습니다.

다음은 루소 선생님 차례입니다.

루소: 나는 1712년 6월 28일에 제네바에서 시계공의 아들로 태어났습니다. 태어난 지 며칠 안 되어 어머니가 돌아가시는 바람에 아버지 밑에서 자랐어요. 글을 알면서부터 많은 책을 읽었는데 그 가운데서 『플루타르크 영웅전』**이 제일 재미있었습니다. 내가 열 살 되었을 때 아버지는 사소한 일로 군인과 다툰 후 구금이 두려워 나를 외삼촌에게 맡기고 니옹으로 떠났습니다. 외삼촌은 나를 그의 아들과 함께 보세에 있는 랑베르시에 목사에게 보내 교육을 받게 했습니다. 그곳의 경치는 매우 아름다웠습니다. 덕분에 나는 자연에 대한 사랑을 배웠어요. 교육이 끝난 후 직업을 얻기 위해 여러 곳에서 일을 배웠으나 하나의 목표를 꾸준히 추구할 수 없는 변덕스러운 성격 때문에 번번이 실패했습니다. 어린 시절에는 이웃집 아주머니의 냄비 뚜껑을 열고 오줌을 싸는 장난도 했고, 수습공이 되어서는 좀도둑질도 했지만 책을 빌려 읽는 데 빠져들면서부터 그런 장난은 더는 하

---

* 볼테르가 1733년 영국에 갔을 때의 견문(見聞)을 바탕으로 쓴 서간 문집이다. 영국의 정치, 경제, 종교에서의 자유주의를 소개하고 프랑스를 비판하는 내용을 담았다.
** 그리스의 철학자이며 전기학자인 플루타르크가 지은 책으로 그리스·로마 영웅들의 생애를 그린 것이다.

지 않았습니다. 한 동판 조각가 밑에서 일하다가 16세가 되었을 때 체벌이 두려워 도주한 후 사부아 지방을 떠돌아다녔는데요. 이때 어떤 가톨릭 신부의 주선으로 안시 지방에 있는 바랑(Warens) 부인 집에 갔습니다. 이 부인은 가톨릭으로 개종한 지 얼마 안 되는 과부로서 지적이고 사업욕도 강했습니다. 당시 이 부인은 가톨릭으로 개종하기를 바라는 개신교 신자들을 도와주고 있었는데요. 나는 부인의 권유에 따라 토리노에 가서 가톨릭 신자가 되었으며 몇 군데서 심부름꾼으로 일했습니다. 베르셀리 백작부인 집에서 하인으로 일할 때 리본을 하나 훔치고 그 죄를 다른 하녀에게 뒤집어씌운 일 때문에 나는 평생을 죄책감 속에서 살았으며 이 일은 그 이후로 결코 거짓말을 하지 않게 해주는 계기가 되었습니다. 나는 다시 바랑 부인 집으로 돌아왔습니다. 부인은 나를 성직자 양성을 위한 신학교에 보냈습니다만 적성에 맞지 않았어요. 자유를 찾아 방랑하는 나의 성격이 엄격한 규율을 요구하는 라틴어 공부에 잘 맞지 않았거든요. 그후 부인은 나를 교회음악학교에 보냈는데 나에게는 음악적인 재능이 잠재해 있었나 봅니다. 연주는 물론 음악 이론도 빨리 습득했고, 작곡까지 하게 되었거든요. 음악을 배운 후 집에 돌아오니 부인은 파리에 가고 없었습니다. 나는 로산느를 비롯하여 이곳저곳 방랑하면서 음악교사 행세를 한 후 파리에 들렀다가 다시 샹베리로 거처를 옮긴 바랑 부인을 찾아갔습니다. 20세가 된 나는 이때부터 13살 연상인 바랑 부인의 애인이 되어 과학실험에도 참여하고 독서도 열심히 했는데, 이 시절이 나의 일생 중에서 가장 행복한 시절 가운데 하나였습니다. 바랑 부인의 서재에서 볼테르 선생님의 시 「앙리아드」와

시계를 수리 중인 아버지 곁에서 독서 삼매경에 빠진 루소(모리스 르로이 작)

랑베르시에서
외삼촌과 지내던
시절의 루소

안시에서
바랑 부인을 만나다.

여행 중에 만난
라르나주 부인과
사랑에 빠진 루소

프랑스 초기 유물론자였던 베일의 책도 읽었습니다. 그러나 부인의 재정적인 어려움과 새로 들어온 관리인에 대한 질투심 때문에 나는 부인의 집을 떠나기로 결심했고 도보여행으로 1741년에 다시 파리에 도착했습니다.

칸트 선생님께서 질문을 시작해주세요.

칸트: 볼테르 선생님, 선생님의 아버지가 매우 실용적이어서 문학을 싫어했다는데 선생님은 철학자보다도 작가로서 성공했습니다. 청년 시절의 젊은이들에게 미치는 문학과 예술의 영향은 무엇이라 생각합니까?

볼테르: 사람에게는 실용적인 것과 예술적인 것이 다 같이 중요합니다. 그런데 보통 자식들의 장래를 걱정하여 실용적인 것만을 강조하는 부모들이 있습니다. 나의 아버지도 그랬습니다. 내가 문학에 일생을 바치겠다고 털어놓자 실용적인 아버지는 화가 나서 "사회의 무용지물이 되어 가족에게 누를 끼치다가 결국 굶어 죽는 자가 선택하는 직업이 문학이다"라고 말했습니다. 아버지는 잘못 생각한 것입니다. 아버지의 뜻에 따라 문학을 멀리했더라면 나는 행복한 가정을 이루어 무난하게 일생을 마쳤을지도 모르지만 인류의 역사에 남는 훌륭한 업적을 남기지 못했을 겁니다. 물론 예술 때문에 현실을 무시하고 비현실적인 삶을 살아서는 안 되지만 예술을 멀리하고 현실에만 충실한 것도 바람직하지 않습니다. 많은 위인들이 청소년 시절에 문

학작품을 중심으로 독서에 열중했다는 사실은 이미 알려져 있습니다. 학교 교육보다도 오히려 문학작품이 그들의 생애에 결정적인 영향을 미친 경우가 많습니다.

칸트: 루소 선생님, 선생님도 어려서 독서를 많이 한 것으로 알고 있는데 책에 대한 사랑과 함께 자연에 대한 사랑도 컸던 것 같습니다. 그에 대해서 말씀해주세요.

루소: 그렇습니다. 나는 어렸을 때 독서를 많이 했고 자연도 사랑했습니다. 독서를 통한 독학으로 학문을 익혔지요. 그러나 나는 훗날의 저술에서 무분별한 독서가 아이들에게 재앙이 된다고 말했습니다. 아이들은 먼저 실용적인 책을 읽어야 합니다. 나의 교육 소설 『에밀』*의 주인공 에밀이 오로지 『로빈슨 크루소』**만을 읽는 것은 그러한 이유에서입니다. 독서 못지않게 어린아이에게 중요한 것은 자연 속에서 자연스러운 삶을 배우는 것입니다. 자연을 벗 삼아 어린 시절을 보낸 사람은 사회의 악을 물리칠 수 있는 힘을 얻게 됩니다. 훗날 독일의 철학자 포이어바흐는 "철학자는 자연을 애

---

* '에밀'이라는 모델을 통해 아동교육에 대한 루소의 구상을 보여준 작품이다. 부제(副題)는 '교육에 대해서'이며 총 5부로 나뉘었다. 에밀이 태어나 결혼에 이르는 과정을 그린 것으로 이상적인 가정교사에게 지도를 받으며 성장하는 과정을 묘사했다.

** 영국의 작가 대니얼 디포가 1719년에 발표한 장편 소설이다. 원제는 "요크의 선원 로빈슨 크루소의 생애와 이상하고 놀라운 모험"으로 요크 태생의 크루소가 항해를 나섰다가 배가 난파되어 무인도에 도착한 후 그곳에서 혼자 힘으로 생활하며 탈출할 배를 만들고, 무인도에 기착한 영국의 반란선을 진압해 선장을 구출하여 28년 만에 고국으로 돌아가는 모험담이다. 맑스가 『자본론』에서 로빈슨을 예로 사용했을 정도로 경제학적인 관점에서 특히 주목을 받은 작품이다. 또한 막스 베버는 『개신교 윤리와 자본주의 정신』에서 로빈슨 이야기를 거론하며 주인공으로부터 합리주의적인 개신교 윤리를 포착했다.

THE
And Strange Surprizing
ADVENTURES
OF
ROBINSON CRUSOE,
Of *YORK,* Mariner:
Who lived eight and twenty Years all alone in
an un-inhabited Island on the Coaſt of America,
near the Mouth of the Great River of Oronoque;

Having been caſt on Shore by Shipwreck, where-
in all the Men periſhed but himſelf.

With an ACCOUNT how he was at laſt as
ſtrangely deliver'd by Pyrates.

Written by Himſelf.

The Fourth Edition.

To which is added a Map of the World, in which is
Delineated the Voyages of *ROBINSON CRUSOE.*

LONDON: Printed for W. Taylor at the
Ship in *Pater-Noſter-Row.* MDCCXIX.

영국에서 처음으로 출판된 『로빈슨 크루소』의 타이틀 페이지인으로 삼아야 한다"라고 말했는데요. 철학자뿐만 아니라 예술가도, 그리고 착하게 살려는 모든 인간은 자연을 애인으로 삼아야 합니다.

루소 선생님, 선생님의 삶에 결정적인 영향을 미친 바랑 부인에 대해서 좀 더 자세히 이야기해주실 수 있나요?

루소: 그녀의 본래 이름은 루이즈 드 라 투르였습니다. 귀족 가문의 출신인 루이즈는 15세 때 제네바 호숫가에서 살던 대지주이자 시참사회 의원 바랑과 결혼했습니다. 그러나 부모의 뜻에 따른 인습적인 결혼에 싫증을 느낀 젊은 부인은 독자적인 길을 걸었습니다. 그녀는 다재다능하고 정력적인 성격의 소유자였어요. 직접 실험실을 만들어 연고와 알약을 제조했고, 양말 공장과 초콜릿 공장, 설탕정제 공장, 그릇제조 공장 같은 사업에도 손을 댔지요. 물론 대부분의 사업에서 실패했지만요. 내가 안시에 도착하기 2년 전에 그녀는 남편과 헤어졌고 재정적인 이유 때문에 가톨릭으로 개종했습니다. 당시 개종한 스위스 귀족에게는 사부아 국왕이 연금을 주었기 때문이에요. 그녀는 안시에서 개종자들이 머물거나 거쳐 갈 시설을 열었습니다. 미소년은 아니었으나 작은 체격에 균형이 잘 잡힌 소년이었던 나에게 신앙에 굳어버린 여자 따위는 아예 매력이 없었으므로 나는 큰 기대를 하지 않았습니다. 그런데 내 앞에 '어루만지는 듯한 정다운 표정, 한없이 온화해 보이는 눈매, 나와 비슷한 입모습, 천사 같은 미소, 회색 머리칼'을 지닌 아름다운 부인이 나타난 거예요. 신부님이 말하는 '선량하고 인정 많은 부인'은 나를 따뜻하게 맞아주면서 "불쌍한

아가야, 너는 하느님이 부르시는 곳으로 가야 한다"라고 말했습니다. 나는 이 '사랑스럽고 세상물정을 잘 아는 지체 높은 부인에게' 감동했어요. 그녀는 나를 '쁘띠(아가)'라 불렀고 나는 그녀를 '마망(엄마)'이라 불렀습니다.

사춘기에 접어든 내가 이 여인에게서 이성의 감정을 느낀 것은 사실입니다. 제대로 감싸지 않는 풍만한 가슴이 나를 자극할 때도 있었습니다. 그러나 나는 부인을 이성이라기보다 엄마나 누나처럼 존경하고 사랑했어요. 혼자 있을 때는 부인을 생각하면서 탈선을 막아주는 대용 수단인 자위행위도 했습니다. 내가 음악교사로서 여러 지역을 방랑한 후 샹베리로 바랑 부인을 찾아갔을 때 부인은 7세 연하의 남자와 은밀한 관계에 있었습니다. 아네(Anet)라는 이 남자는 안시에서 부인의 약학실험 조수로 채용되었는데 식물학에 정통했습니다. 나는 마망을 너무 사랑했기 때문에 질투심을 가질 수 없었습니다. 그를 친구처럼 대했지요. 그런데 마망과 나의 관계가 변했습니다. 마망을 만나고 3년의 세월이 흐른 때였습니다. 우리는 육체적인 사랑을 하게 되었는데 시작은 마망 쪽이었습니다. 그녀는 나를 철이 들지 않는 처녀들의 유혹과 건강을 해치는 자위행위로부터 구출하려 했던 것 같습니다. 나는 다소 쾌감을 느꼈습니다만 근친상간을 저지른 기분이었습니다. 그녀는 소유하기 어려운 나의 이상이었거든요. 다정한 엄마이자 귀중한 애인이었고 내 삶의 아늑한 고향이었고 고난을 이겨나갈 수 있는 버팀목이었습니다. 아네가 그것을 눈치 챘는지 모르지만 우리 셋은 이전처럼 행복하게 살았습니다. 우리 사이의 불행은 정작 다른 곳에서 왔습니다. 마망은 왕실식물원을 만들려 했고, 아네는 약제실의 기사가 되려 했습니다. 이 친구는 열심히 약초를 찾아다니다 감기에 걸렸고 그 병 때문에 곧 사망하고 말았습니다. 나와 마망은 진정으로 슬퍼했습니다. 나는 관리인이 되었지만 경제적인 물정에 어둡고 돈을 헤프게 쓰는 마망의 생활 때문에 걱정이 이만저만 아니었지요.

그 후 마망은 샹베리 성 앞의 농지를 임대하여 이곳을 '레 샤르메트'라 부르며 봄과 여름을 여기서 보냈습니다. 나도 함께 행복한 시절을 보내면서 많은 책을 읽었고요. 영국 및 프랑스 철학자들의 책은 물론 자연과학 서적들도 열심히 읽었습니다. 그런데 한 번은 마망을 도와주려 실험을 하다가 시험관이 폭발하여 거의 시력을 잃을 뻔했습니다. 마망의 지극한 간호로 위기를 넘겼지만 건강은 쉽게 회복되지 않았습니다. 가슴이 두근거렸고 각혈을 했으며 열이 나기도 했어요. 우울증도 겹쳤고요. 나는 마망과 함께 정원을 가꾸면서 그것을 극복해갔습니다. 고향 제네바에 들려 약간의 유산을 받아온 나는 병의 치료를 위해 몽펠리에를 찾아갔습니다. 그런데 여행 도중에 만난 한 부인과 사랑을 하게 되었습니다. 순전히 쾌감을 위한 여행중의 정사였으나 마망과의 사랑에서 느꼈던 죄책감은 없었습니다. 처음으로 완전한 의미에서 사랑을 체험한 것입니다. 그러나 나는 마망을 생각했고 나의 이성과 윤리의식은 사랑의 모험을 멈추게 했습니다. 내가 서둘러 집에 돌아오니 마망은 한 청년과 함께 있더군요.

이 청년은 마망의 사업과 실험을 도와줄 조수로서 채용된 빈첸리트라는 스위스 청년이었습니다. 허세가 심하고 멍청하며 외모에 비해 속이 텅 빈 이 금발머리 청년이 나의 마음에 들지 않았던 것은 자연스러운 일입니다. 더구나 마망이 이 청년을 신뢰하며 붙잡으려 한다는 사실을 알아차리자 나는 모든 행복을 잃어버린 것 같은 절망에 빠졌습니다. 그러나 나는 마망의 행복을 방해할 생각은 추호도 없었습니다. 나는 여전히 마망을 너무나 사랑했으니까요. 소외된 것 같은 느낌을 받은 나는 집을 떠나겠다고 말했고, 마망은 차분한 태도로 나를 리옹에 있는 대법관 마블리(Mably) 집의 가정교사로 추천해주었습니다. 가정교사로 들어갔지만 마음이 텅 빈 상태에 있었던 나는 아이들을 잘 가르칠 수 없었지요. 1년 뒤에 집에 돌아오니 마망의 재정 상태는 더욱 나빠져 있었습니다. 나는 성공해서 마망을 불행으로부터 구해주겠다는 일념 하에 내가 고안한 악보 표기법이 담긴 가방을 들고 파리를 향해 떠났습니다. 그러나 일생 동안 마망을 잊어본 적이 없습니다. 많은 사람들은 마망을 페리클레스의 두 번째 부인으로서 소크라테스를 비롯한 그리스 학자들과 가깝게 지냈던 아스피지아나 릴케, 니체, 프로이트의 연인이었던 루 살로메와 비교합니다만, 나에게는 영원히 다정한 엄마일 뿐입니다.

볼테르 선생님도 첫사랑의 추억을 간직하고 있을 것 같은데요?

볼테르: 물론이지요. 문학을 좋아했던 나는 아버지의 고집을 이기지 못하고 아버지의 뜻에 따라 법학과에 들어갔습니다. 아버지는 내가 학교를 졸업하면 적당한 관직을 돈을 들여 얻어주려고 생각했습니다. 그러나 아버지의 기대는 어긋났습니다. 나는 스스로의 능력으로 출세할 결심을 했고 그 길이 문학이라고 생각했기 때문에 학교 공부

를 소홀히 하면서 재사나 문인들과 어울려 종교와 도덕을 비웃는 일에 열중했거든요. 화가 난 아버지는 나를 캉에 있는 친척집에 보내 감독을 부탁했습니다. 그러나 나의 재치에 반한 친척들이 나를 잘 규제하지 못했으므로 아버지는 나를 아버지의 친구였던 프랑스 대사의 수행원으로 헤이그에 딸려 보냈습니다. 여기서 나는 프랑스 이주민이었으며 개신교 집안의 펭페트(Pimpette)라는 소녀와 사랑에 빠졌는데요. 그녀의 어머니가 방해하려고 대사에게 이 사실을 일러바치는 바람에 나의 사랑은 슬픈 종말을 고하고 말았습니다. 대사는 나를 프랑스로 돌려보냈어요. 소식을 들은 나의 아버지는 화를 내며 나에게 유산을 물려주지 않겠다고 선언했고, 계속 말썽을 피우는 경우 당국에 고발하여 섬으로 유배시키겠다고 으름장을 놓았습니다. 하는 수없이 아버지에게 용서를 빌고 무사하게 되었지만, 마음의 상처만은 지울 길이 없었어요. 사랑의 상처는 새로운 사랑을 통해서만 극복할 수 있다고 생각한 나는 파리에 돌아와서 한 이름 없는 여배우 수잔느(Suzanne)와 사랑에 빠졌습니다. 그러나 그때 나는 사회비판적인 시 때문에 감옥에 들어가게 되었습니다. "스무 살도 되기 전에 나는 이 모든 악을 목격했노라!"라는 시 구절이 문제가 된 거예요. 약 1년 뒤에 내가 감옥에서 나와 보니 수잔느는 이미 신발을 거꾸로 신은 터였습니다. 대상은 놀랍게도 나의 친구였어요. 나는 또다시 슬픔에 빠졌지만 결투할 수 있는 상황이 아니었으므로 양보하고 말았습니다. 그녀는 그 후 나의 연극에도 출연했어요. 하지만 성공하지 못했습니다. 불행하게도 그 남자는 요절했고 수잔느는 나중에 부유한 귀족과 결혼했습니다. 내가 그녀를 다시 한 번 만난 것은 죽기 바로 전이었어요. 83세 된 나는 84세 된 그녀를 파리에서 만났고 그때 과거의 일을 들추면서 비난했습니다. 과거를 묻지 말았어야 했는데 내가 실수했던 것 같습니다.

두 선생님의 이야기를 재미있게 들었습니다. 평생을 독신으로 사신 칸트 선생님에게도 젊은 날의 사랑 이야기가 있습니까? 아니면 선생님은 원래부터 독신주의자였나요?

칸트: 루소와 볼테르 선생님은 프랑스인답게 젊은 날을 정열적으로 보냈군요. 가난한 마구공의 아들로 태어난 나는 열심히 공부하여 장차 교수가 되는 것이 꿈이었기 때문에 여성 쪽으로 눈을 돌릴 여유가 없었습니다. 내성적이었던 성격도 문제였고요. 그러나 독신주의를 주장하지는 않았습니다. 나이가 들어서 두 번인가 결혼할 기회가 있었는데, 너무 오랫동안 생각했기 때문에 한 번은 여자가 더 대담한 남자와 결혼해버렸고, 또 한 번은 기다리다 못해 여자가 떠나갔지요. 나는 결코 나의 독신 생활을 불평하거나 후회한 적이 없습니다. 70세에도 나는 결혼할 생각이 있었는데 목사의 만류로 포기하고 말았지요. 나 말고도 학문을 위해 독신으로 산 철학자들은 많습니다. 여기 계시는 볼테르 선생님을 비롯하여 쇼펜하우어, 니체, 사르트르 등도 독신이었어요.

볼테르 선생님이 청년 시절에 결투한 적이 있다는 이야기가 있는데요. 구체적으로 어떤 일이었습니까?

볼테르: 나는 앞에서 말한 것처럼 사회비판적인 시 때문에 감옥에 갔고, 감옥에서 쓴 시 「앙리아드」와 그 뒤에 쓴 희곡 「오이디푸스」가 대단한 성공을 거두었습니다. 나는 학문과 문학적인 성공뿐만 아니라 사회적인 지위도 얻으려 노력했어요. 많은 고위 관리들과 어울리기를 좋아했습니다. 그러나 귀족들은 애송이였던 나를 질시했습니다. 1725년 12월 한 만찬회에서 내가 기고만장하게 떠들어대자 어떤 후작이 "저렇게 떠드는 젊은이는 도대체 누구지?"라고 물었습니다. 나는 "각하, 그는 위대한 이름을 계승하지 못했으나, 그의 이름 때문에 존경 받는 자입니다"라고 대답했지요. 이러한 무례한 대꾸에 화가 난 후작은 깡패들을 고용하여 밤에 나를 습격했습니다. 이때 후작은 깡패들에게 한 가지 주의를 주었어요. "그 녀석의 머리를 때리지 말라. 아직도 그 머리로부터 뭔가 좋은 것이 나올 수 있다." 그 후 나는 이 사건을 관청에 고발했으나, 관청은 후작의 편을 들었고, 나의 친구들마저 나에게 등을 돌렸습니다. 나는 이 일을 스스로 해결해야겠다고 생각하고 집에서 검술을 연습했습니다. 그리고 어느 날 후작 앞에 나타나 결투를 청했지요. 그러나 후작은 경찰을 불러 나를 체포하게 했고, 나는 1726년 4월 17일 다시 바스티유 행을 하게 됩니다. 하지만 영국 추방 조건을 받아들여 석방되었고, 도버 해협을 건널 때까지 호송을 받았지요. 화가 난 나는 복수심에 불타 변장한 채 도버 해협을 건너왔지만 친구들의 만류로 다시 영국으로 건너갔습니다.

선생님을 유명하게 만든 「앙리아드」는 어떤 내용의 시였습니까?

볼테르: 프랑스의 초기 절대군주였던 앙리 4세를 칭송한 일종의 애국시예요. 앙리 4세의 가장 큰 치적은 1589년에 발표한 낭트 칙령*입니다. 가톨릭을 국교로 선언하면서도 개신교도들인 위그노에게도 가톨릭교도와 동등한 권리를 인정한 이 칙령은 종교적 광신을 억제하고 종

교 간의 관용을 권장하는 이성적인 조치였습니다. 물론 그러한 관용은 광신적인 예수회** 교도들의 반발을 샀고, 앙리 4세는 예수회 교도가 보낸 자객에 의해서 암살되었는데요. 낭트 칙령은 결국 루이 14세에 의해 폐기됩니다. 나는 근세 프랑스의 국력을 강화하기 위한 앙리 4세의 치적과 종교적 관용을 칭송하면서 그를 프랑스 최고의 왕이라 불렀습니다.

루이 14세

루소 선생님에게 묻겠습니다. 선생님은 샹베리에서 파리까지 도보로 갔다고 했는데 고충은 없었습니까? 그 과정이 궁금합니다. 설명해주시겠어요?

루소: 당시에는 기차나 자동차가 없었습니다. 귀족들은 말이나 마차를 타고 여행하면서 지나가는 평민들에게 먼지만 날려댔지요. 나는 어

---

* 1598년에 프랑스의 앙리 4세가 낭트에서 발표한 칙령. 칼뱅파(Calvin派) 프로테스탄트인 위그노 교도에게 일정한 지역 안에서 신앙의 자유를 누릴 수 있도록 하고, 가톨릭교도와 동등한 정치적 권리를 갖도록 인정한 것이다. 이에 따라 위그노 전쟁이 종결되었다. 1685년에 루이 14세가 폐기했다.

** 1534년에 에스파냐의 로욜라가 세워 1540년에 교황의 승인을 받은 남자 수도회. 세계적인 포교에 힘쓰며, 특히 교육의 발전에 이바지하는 것을 사명으로 삼는다.

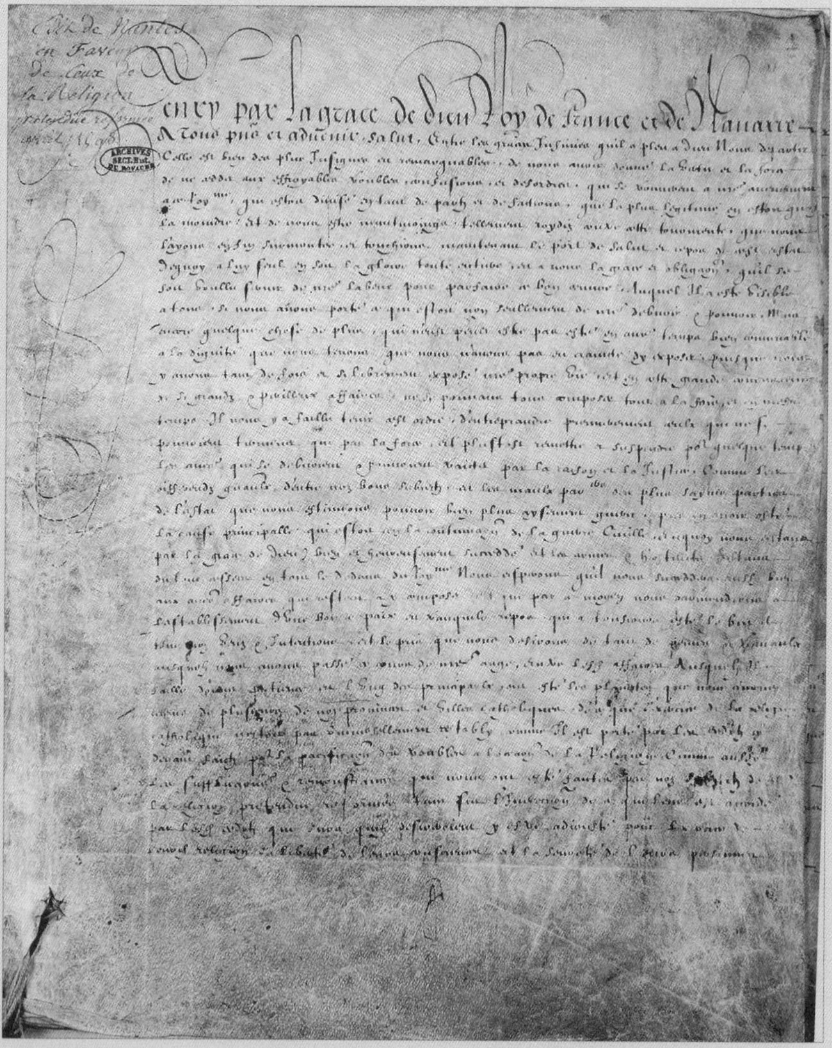
Edit de Nantes en faveur de ceux de la Religion

Henry par la grace de dieu Roy de France et de Navarre — A tous presens et advenir, salut.

낭트 칙령 원본

려서부터 도보여행을 좋아했습니다. 아마 나처럼 도보여행을 즐겼던 철학자도 드물 겁니다. 동판조각가 집에서 안시까지, 안시에서 토리노까지, 토리노에서 다시 안시까지, 그리고 음악교사를 하다가 이사를 가버린 바랑 부인을 찾아서 나는 많은 길을 걸었습니다. 길을 떠나면서도 나는 어디서 어떻게 밥을 먹을지, 어디서 어떻게 잠을 잘지 알지 못했습니다. 그러나 노래를 부르며 즐겁게 길을 떠났지요. 기꺼이 즐거운 방랑자가 되었습니다. 파리로 갈 때도 마찬가지였어요. 걱정이나 두려움은 없었습니다. 나는 인간을 믿었거든요. 도중에 종종 농가에 들리곤 했는데 농부들은 누추한 잠자리와 간소한 음식일망정 흔쾌한 마음으로 제공했습니다. 이들과 생활을 같이한 셈이지요. 다행히 나는 밉상이 아니었고 말주변도 좋아서 낯선 사람들도 나를 싫어하거나 경계하지 않더군요.

이런 경험을 통해 나는 농민들이 얼마나 비참한 생활을 하고 있는지 몸소 체험했습니다. 혁명 전 프랑스의 하층 민중, 제3신분 가운데서도 가장 아래에 속했던 농민들의 생활을 바로 옆에서 지켜보면서 나는 부자들에 대한 증오심을 품게 되었습니다. 소박한 시골에 대비되는 타락한 파리가 훗날 나를 실망시켰고요. 특히 오만하고 가식적인 파리의 귀족들이 싫어졌습니다. 나중에 쓴 책들에 그런 마음이 잘 표현되었는데요. 예컨대 『고백록』*에는 다음과 같이 썼습니다. "서민계급 사이에서는 커다란 정열을 어쩌다 느끼게 되지만 자

---

* 루소의 자서전이다. 태어나서 1765년까지의 내면적 자기 형성의 과정을 기록한 것으로 숨김없는 자기의 모습을 묘사하여 자연인의 모습을 드러냈다. 후일 고백 문화의 선구가 되었다. 1765년부터 1770년에 걸쳐 완성되었다.

연스러운 감정을 느끼는 일은 허다하다. 상류계급에 있어서는 그러한 자연의 감정은 완전히 억압되어 감정의 가면 밑에서 느낄 수 있는 것은 언제나 이기심과 허영뿐이다." 나의 저술에서 가난한 사람들의 땀 냄새가 풍기는 것은 바로 이러한 이유 때문입니다.

파리로 떠난 후 루소 선생님은 바랑 부인을 다시 만난 적이 한 번도 없습니까?

루소의 「고백록」 자필 원고

루소: 있지요. 내가 마흔두 살 되었을 때 나는 테레즈 및 동향 친구 고프쿠르와 셋이서 마차를 타고 제네바로 여행했습니다. 제네바에서 친구와 헤어진 후 나는 테레즈와 함께 마망을 찾아갔습니다. 마망은 가난에 쪼들리며 너무 누추한 삶을 살고 있었습니다. 나는 마망에게 우리와 같이 떠나자고 권했지만, 마망은 거절했습니다. 그래서 여윳돈을 마망에게 모두 드렸어요. 마망은 감격하면서 손에 끼고 있던 금반지를 테레즈에게 선물했습니다. 나는 제네바로 이사하여 마망을 모시려고 생각했지만 일이 제대로 풀리지 않아 계속 파리에 살게 되었고 그 후로는 마망을 만나지 못했습니다.

마지막으로 볼테르 선생님에게 묻겠습니다. 선생님은 일생동안 철학, 시, 희곡, 소설, 역사 등 다양한 분야에 걸쳐 엄청난 양의 책을 저술했습니다. 1878년에서 1885년 사이에 몰랑(Moland)이 편집한 전집은 52권을 포함하는데요. 비결은 무엇입니까?

볼테르: 나는 건강 상태가 그다지 좋은 편은 아니었어도 상당히 부지런한 편이었습니다. 덕분에 많은 저작을 남길 수 있었지요. 하루 평균 18~20시간씩 일했습니다. 잠을 적게 잤고, 한밤중에도 비서를 깨우는 일이 허다했습니다. 낮에도 침대에 누워 있는 일이 많았는데 잠을 자는 게 아니라 독서하거나 떠오르는 생각들을 비서에게 불러 주느라 그랬지요. 희곡을 쓸 때는 마치 열병에 걸린 환자 같았습니다. 몸속에 악마가 들어 있는 것 같더라고요. 작품을 쓰기 시작하면

집필 중인 볼테르

바로 끝을 맺어야 하고, 곧바로 인쇄에 들어가야만 직성이 풀렸습니다. 나에게 일을 하지 않는 것은 존재하지 않는 것과 다름없어요. 게으른 자를 제외한 모든 사람은 착하다고 생각했습니다. 나는 돈에는 별로 인색하지 않았지만 시간에는 매우 인색했습니다. 헛된 일로 시간을 허비하는 것을 죄악이라 여겼고요. 노동은 권태, 방탕, 궁핍이라는 세 가지 악으로부터 우리를 해방시켜주니까요. 나는 시간을 아껴 저술했고, 그 결과로 많은 작품을 남기게 되었습니다.

영광의 박수를 보내다_철학자들의 후반기

지난번에 볼테르 선생님은 영국에, 그리고 루소 선생님은 파리에 도착할 때까지의 이야기를 해주셨는데요. 이제 그 이후의 삶에 대한 두 선생님의 이야기를 들어보겠습니다. 루소 선생님이 먼저 시작해주세요.

루소: 여섯 살 때 나를 버리고 떠난 아버지는 그 후 나에게 무관심했습니다. 여자에 빠져 나를 잊은 거죠. 나에게는 형이 하나 있었는데 그는 시계공(時計工) 집에서 일하다가 도주한 후 소식을 끊었습니다. 천애의 고아가 된 셈이었지요. 그런데 운이 좋았던 걸까요? 나에게는 늘 도와주는 여성들이 옆에 있었습니다.

1741년에 시골뜨기인 나는 아무 연고도 없는 파리에 도착했습니다. 참으로 막막했지요. 싸구려 셋방을 전전하면서 음표 대신 숫자와 부호를 사용하는 악보 표기법을 고안하여 프랑스 학사원에 제출했지만 반응은 신통치 않았습니다. 심사위원들은 그러한 시도가 이미 있었기에 새롭지도 않고 큰 의미도 없으며, 내 표기법이 악기 연주에 적합하지 않다는 결론을 내렸지요. 당시 음악의 대가였던 라모(Rameau)*는 어느 정도 호감을 갖고 있었지만 결과를 뒤바꾸지는 못했고, 돈과 명예를 얻으려던 나의 꿈도 사라지고 말았습니다. 나는 굴하지 않고 『현대 음악론』을 출판하여 나의 이론을 소개했는데요. 이때의 반응 역시 별 볼일 없었습니다.

당시 음악계에서
권력자였던 **라모**

그런 과정에서 나는 파리의 유력한 인사들을 사귀게 되었습니다. 음악 수업을 하면서 알게 된 부유한 징세 감독관의 아내였던 뒤팽(Dupin) 부인은 나의 후원자가 되었지요. 이들의 도움으로 나는 베네치아 주재 프랑스 대사의 비서로 추천되었습니다. 나는 희망을 갖고 그곳에 갔고 비서로서 열심히 일했습니다만, 고루한 대사와 의견 충돌이 생겨 다시 파리로 돌아오지 않을 수 없었어요. 1745년, 그러니까 내 나이 서른

파리에서 루소를
후원했던 **뒤팽 부인**

세 살이었을 때 나는 하숙집에서 세탁을 도와주던 처녀 테레즈 르바쇠르를 만났고 그녀는 일생동안 나의 반려자가 되었습니다. 그 무렵에 나의 후원자인 에피네(Épinay) 부인도 알게 되었습니다.

---

*　라모(Jean Philippe Rameau, 1683~1764)는 프랑스의 작곡가이자 음악 이론가다. 〈클라브생 곡집〉을 비롯한 많은 오페라와 발레곡을 작곡했으며 합리적인 기능 화성 이론의 기초를 닦았다. 작품에 오페라 〈멋쟁이 인도인〉, 〈암탉〉이 있고, 저서에 『화성론(和聲論)』이 있다.

루소의 후원자
에피네 부인

1750년에 내 운명을 바꾸는 사건이 일어납니다. 나의 「학문 예술론」이 디종 아카데미의 현상논문에 당선된 겁니다. 나는 일약 유명인사가 되었습니다. 그 뒤에도 나는 「인간 불평등 기원론」이라는 논문으로 응모를 했지만 1등으로 당선되지 못했습니다. 명성을 얻은 나에게 에피네 부인이 몽모랑시의 숲속에 있는 집을 제공해주어 나는 그곳으로 옮겼고 '에르미타쥬(은자의 집)'로 불리는 이곳에서 중요한 책들을 저술했는데요. 『신(新) 엘로이즈』*,

『에밀』, 『사회계약론』이 바로 그것입니다. 이 세 저술의 공통되는 이념은 자연의 법칙에 걸맞은 사회법칙을 추구하는 것이었습니다. 나는 『신 엘로이즈』에서 '덕'이라는 개념을, 『에밀』에서 '필연성에 대한 복종'이라는 개념을, 『사회계약론』에서 '일반의지'라는 개념을 이러한 법칙의 체현으로 간주했습니다. 이러한 법칙에 따라 살아갈 때 사회적 정의가 실현될 수 있다고 생각했습니다. 그러나 마지막 두 저술에 대해서 파리의 의회는 유죄 판결을 내렸어요. 나에 대한 체포령이 내려졌고 재산의 압수와 책의 소각이 명령으로 떨어졌습니다. 파리의 대주교를 비롯한 성직자들은 이러한 압력에 동참하여 떠들고 일어났습니다.

나는 친지들의 도움으로 도피 생활에 들어갔어요. 나의 고향인 제네바로 가서 다시 개신교로 개종까지 했습니다만 그곳의 여론도

---

* 신분의 차이 때문에 결혼할 수 없는 두 남녀가 사랑 대신 우정을 택하지만 결국 비극적 결말을 맞게 된다는 내용의 편지 형식의 소설이다.

에름농빌 시절의 루소

에름농빌에 있던 루소의 묘지

달랑베르

좋지 않아 나는 결국 제네바 공화국의 시민권을 포기하고 말았습니다. '제네바 공화국의 시민'이라는 자부심을 늘 갖고 있던 나는 무척 실망했습니다. 결국 프로이센의 영지였던 뇌샤텔로 갔는데요. 처음에는 환영을 받았지만 점차 성직자들과 신자들의 압력이 강해져서 그곳을 떠나지 않을 수 없었습니다. 잠시 생 피에르 섬으로 도피했다가 다시 파리로 돌아와 영국의 철학자 흄의 권유에 따라 런던으로 갔습니다. 유감스럽게도 그 당시에 볼테르 선생님은 나를 비난하는 글을 신문에 발표했고 나는 볼테르, 달랑베르, 흄이 공모하여 나를 파경에 빠트리려 한다고 생각했습니다. 나의 오해를 좋지 않게 여긴 흄은 나에게 냉담해졌고 나는 다시 프랑스로 돌아올 수밖에 없었습니다. 당국의 눈을 피해 이곳저곳으로 숨어 다니면서 나는 음악, 식물학, 그리고 자서전의 저술에만 관심을 가졌습니다.

1768년, 그러니까 내 나이 56세 때 나의 반려자인 테레즈와 결혼식을 올렸습니다. 말년에는 파리에 은신하면서 악보 베끼는 일로 생계를 유지했지요. 나는 한가한 시간을 이용하여 자서전을 썼고 그 일부를 친구들에게 낭독해주었습니다만, 당국은 그것마저 금지시켰습니다. 마지막으로 지라르댕 후작의 영지인 에름농빌로 옮겨 가 거기서 조용히 살고 있는데 하루는 18세의 대학생이 파리로부터 나를 찾아왔습니다. 그가 바로 프랑스혁명의 와중에서 자코뱅 당을 이끈 로베스피에르였어요. 그는 덕이 중심이 되는 나의 정치이념을 높이 평가한 것 같습니다. 그가 다시 나를 찾아왔을 때 나는 심장마비로

이미 사망한 뒤였습니다. 훗날 나의 유해를 에름농빌로부터 프랑스 국립묘지인 팡테옹으로 옮겨준 것도 이 청년입니다.

볼테르: 루소 선생에게 대단히 미안한 생각이 듭니다. 그때 인신공격이 아니라 학문적인 논쟁으로 신문에 글을 썼는데 그것 때문에 선생이 심적 고통을 겪은 것 같습니다. 루소 선생도 파란만장한 인생을 살았습니다만 나의 인생도 그에 못지않습니다. 나는 영국으로 추방되어 3년 동안 거기 머물렀는데 그때 많은 것을 배웠습니다. 그것을 『철학서간』으로 발표했다는 이야기는 지난번에 했지요? 이 책은 당시 해외에서 「앙리아드」와 함께 인기를 얻었고 나는 이들 책에서 오는 수입을 다시 투자하여 더 많은 이익을 얻었습니다. 철학을 하기 전에 먼저 밥을 먹어야 한다는 교훈을 깨달은 것이지요. 프랑스 당국으로부터 사면을 받고 귀국하여 나는 파리에서 유산, 인세, 주식투자 등에서 오는 수입으로 여유 있는 생활을 하며 작품을 썼는데, 그 사이에 어떤 악덕 출판업자가 『철학서간』을 입수하고 몰래 인쇄하여 팔기 시작했을 때 사태는 돌변했습니다. 파리 의회가 이 책을 '종교와 도덕과 국권의 존엄성을 해치는 해괴한 책'이라 규정하고 공개적으로 불태우도록 명령한 거예요. 나는 도피해야 했습니다. 나에게도 루소 선생처럼 어려울 때 도움을 주는 여성들이 많이 나타났습니다. 어렸을 때 나의 시를 읽고 감동하여 나에게 책값으로 2천 프랑을 희사한 노부인도 있었지요. 불행 중 다행이랄까 나는 도피 중에 샤틀레 후작 부인(Marquise du Châtelet)을 만나게 되었는데요. 그녀의 본명은 에밀이었고 나는 그녀를 '신성한 에밀'이라 불렀습니다.

에밀은 나보다 12세가 적은 28세의 젊은 여성이었어요. 그녀는 라틴어, 이탈리아어, 영어에 능숙했고 과학과 철학에 관심이 많은 매우 지성적인 여성이었습니다. 라이프니츠(Leibniz)*의 단자론과 뉴턴(Newton)**의 사상이 프랑스에 알려지게 된 것은 이 여성 덕분입니다. 당시 그녀의 남편은 늘 군대에 있으면서 사냥을 즐겼으므로 부인의 정신적인 욕구를 만족시켜줄 수 없었어요. 박식하고 재담 있는 내가 이 부인의 마음을 사로잡은 것은 우연이 아니었습니다. 그녀에게 남편은 너무 답답했고, 나는 너무 재미있는 사람이었거든요. 그녀는 나를 '모든 점에서 사랑스러운 사람'이라 불렀습니다. 이미 연로한 그녀의 남편은 그녀가 천재를 애인으로 갖는 데 반대하지 않

았는데, 이것은 나에게 행운이었습니다. 나는 그녀와 함께 파리에서 멀리 떨어진 그녀의 성(城) 시레로 도피했습니다. 나는 이곳에서 15년 동안 행복한 생활을 영위했는데 물론 저술도 많이 했습니다. 저술 덕분으로 나는 당국으로부터 다시 사면을 받았을 뿐만 아니라 유명 인사가 되었습니다. 1746년에 나는 프랑스 학사원 회원이 되었습니다. 사회적으로 물의를 많이 일으켰던 내가 학사원 회

샤틀레 후작 부인 '에밀'

---

* 　라이프니츠(Gottfried Wilhelm Leibniz, 1646~1716)는 독일의 수학자이자 물리학자, 철학자이자 신학자로 활동했다. 신학적 목적론적 세계관과 자연과학적 기계적인 세계관과의 조정을 기도하여 단자론에서 "우주 질서는 신의 예정 조화 속에 있다"라는 예정 조화설을 전개했다. 수학에서는 미적분법을 확립하여 후세에 공헌한 바가 크다. 저서에 『형이상학 서론』, 『단자론』 등이 있다.

** 　뉴턴(Sir Isaac Newton, 1642~1727)은 영국의 물리학자 · 천문학자 · 수학자로 활동했다. 광학 연구로 반사 망원경을 만들고, 뉴턴 원무늬를 발견했으며, 빛의 입자설을 주장했다. 만유인력의 원리를 확립하였으며, 저서에 『자연 철학의 수학적 원리』가 있다.

원이 되는 데엔 장애가 제법 따랐으나, 나는 모든 수단을 동원하여 목적을 달성했습니다. 착한 가톨릭 신자로 자처하기도 했고, 예수회 회원들에게 경의를 표하기도 했지요.

세월이 흐름에 따라 에밀과의 사이도 조용해졌습니다. 1748년 에밀은 10년 연하의 젊은 미남 장교 생 랑베르(Saint-Lambert)와 사랑에 빠졌습니다. 나는 이 사실을 알고 처음에는 격분했으나 랑베르가 용서를 빌자 마음을 진정하고 그들의 사랑을 축복해주었습니다. 나는 이미 인생의 정상에 도달하여 황혼을 바라보게 되었으므로 나보다 젊은 여인을 스스로의 굴레 속에 붙잡아둘 수 없음을 깨달았기 때문입니다. 그것은 지난날 내가 에밀과 사랑에 빠졌을 때 에밀의 남편인 샤틀레가 보여준 관용이기도 했습니다. 이듬해 에밀은 랑베르의 아이를 출산하는 중에 사망했고, 나는 그녀의 남편 및 랑베르와 함께 그녀의 임종을 지켰습니다. 우리는 서로 한마디의 비난도 없이 공동의 손실을 느끼면서 슬퍼했지요.

루소: 죄송합니다만, 제가 잠깐 선생님의 이야기에 끼어들어도 될까요? 다름이 아니라 랑베르 때문입니다. 나도 이 사람과 인연이 있어요. 내가 에피네 부인의 도움으로 에르미타쥬에 살고 있을 때입니다. 전에 몇 번 만나본 적이 있던 에피네 부인의 시누이 우드토(Houdetot) 백작 부인이 나의 집에서 멀지 않은 곳에 별장을 갖고 있었습니다. 그녀는 말을 타고 산책하다가 종종 나의 집을 방문하곤 했는데요. 나보다 18세 연하였던 그녀는 그다지 예쁘지 않았으며 얼굴에 마마 자국이 있었습니다. 나는 그때 『신 엘로이즈』를 쓰고 있었는데 우도

트 부인을 이 소설의 여주인공으로 착각한 것 같습니다. 그녀에게 관심을 갖게 되었는데 그녀는 자기의 애인인 랑베르의 이야기를 하면서 셋이서 친구처럼 지내자고 말했습니다. 나는 울며 겨자 먹기로 그렇게 했습니다만 마음이 아팠습니다. 그러나 랑베르는 무던한 사람이었고 나는 그와 친구가 되었습니다. 그런데 이 사실을 알게 된 에피네 부인은 모욕감을 느꼈고 나와 소원해졌습니다. 이 부인의 친구였던 그림(Grimm)이 부인을 그렇게 충동한 것 같아요. 나도 자존심이 상해 결국 에르미타쥬를 떠나고 말았습니다. 볼테르 선생님, 이야기를 계속해주세요.

볼테르: 후원하는 여인이 많았던 것, 당국의 탄압을 피하여 도망 다니는 것이 루소 선생과 나에게 공동으로 지워진 운명인 것 같군요. 그럼 이야기를 계속하겠습니다.

내가 에밀을 잃고 슬퍼하고 있을 때 독일의 프리드리히 대왕으로부터 당시 프로이센의 문화가 꽃피던 베를린으로 와달라는 초청을 받았습니다. 여비 3천 프랑이 첨가된 이 초청을 나는 거역할 수 없어서 그곳으로 갔지요. 대왕은 나에게 궁정에 있는 호화로운 거실을 제공했고, 나는 공로훈장과 충분한 봉급을 받았습니다. 그러나 가장 즐거운 시간은 대왕이 소수의 문인들과 어울려 대화를 나누는 만찬회에 참석할 때였습니다. 나는 독일어를 배우려 했지만 숨이 막히는 것 같아 포기했습니다. 물론 당시 궁중의 대화나 만찬회에서는 프랑스어를 사용했어요. 만찬회의 화제는 어떤 제한도 없이 자유롭게 진행되었고, 대왕의 위트는 나에게 필적할 만큼 날카로웠습니다. 대왕을 화나게 하지 않고 그 위트에 응수할 수 있는 사람은 오직 나 한 사람뿐이었습니다.

그러나 이러한 기쁨도 오래가지 못했습니다. 대왕의 금지에도 불구하고 내가 재산을 불리기 위해 국채에 투자했기 때문이에요. 여기서 나는 다소의 이익을 얻었지만 이 일에 연관되었던 한 독일 유대인과의 불미스러운 소송사건 때문에 시간과 정력을 낭비했습니다. 이 사건이 대왕에게 알려지자 왕은 격노했습니다. 왕은 프랑스의 또 다른 철학자 라메트리(La Mettrie)*에게 "나에게 그가 필요한 것은 기껏해야 1년쯤일 것이다. 오렌지는 즙을 짜고 난 다음에는 껍질을 버려야 한다"라고 말했다고 합니다. 라메트리도 당시 초대되어 나와 경쟁하는 상태에 있었습니다. 나는 변명할 생각이 없었기에 고향으로 돌아가리라 마음먹었지요.

1752년, 드디어 결정적인 사건이 벌어졌습니다. 당시 대왕은 프랑스의 수학자 모페르튀이(Maupertuis)**를 궁정에 초청했습니다. 모페르튀이는 한때 에밀의 수학교사로서 나와는 달갑지 않은 사이였습니다. 어느 날 그는 한 독일의 수학자와

피에르 루이
모로 드 모페르튀이

---

* 라메트리(Julien Offroy de La Mettrie, 1709~1751)는 프랑스의 의학자이자 철학자다. 프랑스 계몽기의 유물론자로, 혼(魂)도 육체의 소산이라 하고, 뇌도 '생각하는 근육'으로 정의했다. 저서에 『인간 기계론』, 『영혼의 박물지』가 있다.

** 피에르 루이 모로 드 모페르튀이(Pierre Louis Moreau de Maupertuis, 1698~1759)는 프랑스의 수학자이자 철학자다. 물리학에서는 최소 작용의 원리를 최초로 고안했고, 생물학에서는 적응도에 따른 종의 발생과 멸종을 설명해 진화론의 선구자로 간주된다. 지구의 곡률을 측정하기 위해 라플란드를 탐사했다.

프랑스 페르니에 있는 볼테르의 성

뉴턴의 이론에 관하여 논쟁을 벌이고 있었는데요. 대왕이 모페르튀이 편을 들자 나는 반사적으로 독일 수학자 편을 들었습니다. 이성보다 다소 감정이 앞선 나의 이런 태도는 대왕을 실망시켰습니다. 나는 물러서지 않고 이와 연관되는 논문을 써서 대왕에게 보여주었습니다. 대왕은 이 글을 보고 밤새도록 웃다가 제발 출판하지 말라고 부탁했으나 원고는 이미 포츠담의 한 인쇄소로 넘어간 뒤였습니다. 저자는 그의 펜이 낳은 갓난아이를 마음대로 죽이지 못하는 법입니다. 이 논문이 출판된 것을 알자 대왕은 격노하여 책을 파기하라는 명령을 내렸습니다. 나는 왕에게 거실의 열쇠와 훈장을 돌려주면서 베를린을 떠나겠다고 말했지요. 여러 번 화해가 이루어질 것 같았으나 드디어 나는 떠나기로 결심했고, 왕은 화가 나서 나에게 준 자신의 시집을 되돌려주고 마음대로 떠나라고 말했습니다. 이 시집 때문에 나는 고타에서 왕의 대리인에게 체포되었지만 간신히 풀려 났어요. 그런데 프랑스 국경을 넘으려 할 때 프랑스로부터 나를 추방 하라는 명령이 전달되었습니다. 나는 프랑스 국경 근처에서 이곳저곳 전전하다가 스위스 제네바 근처에 있는 낡은 별장에 은거하게 되었 는데요. 그때가 61세인 1755년이었습니다.

제네바 호숫가의 아름다운 경치는 물론 이곳 사람들의 소박한 생 활방식이 나의 마음에 들었고 무엇보다도 프랑스어를 사용하는 이 스위스 도시가 프랑스에 인접해 있으면서도 프랑스의 정치적 힘이 직접 미치지 않아서 좋았습니다. 그 후 나는 제네바 교외에 있는 쉬 르 쌩 쟝이라는 농지를 구입하였는데 이 농지는 조그만 별장이 딸 려 있는 아주 아름다운 곳이었어요. 이 농장은 제네바 시와 호수를 끼고 있었는데 저 멀리 알프스 산의 눈들이 반짝이는 것을 볼 수 있는 곳이었지요. 나는 이 별장의 이름을 레 델리세(Les Délices, 감미로 운 곳)로 바꾸었습니다. 그러고는 이전에 익힌 재산 증식 솜씨를 발 휘하여 여러 곳에 아름다운 시골 땅을 구입했습니다. 어느 땐가 나 를 추적하러 오는 적을 피하여 빨리 숨을 수 있는 피난처를 만들고 싶었거든요. "철학자는 그를 추적하는 개들을 피하기 위하여 항상 두서너 군데에 숨을 곳을 마련해두지 않으면 안 된다"라는 게 나의 지론이었으니까요. 1758년에 나는 프랑스와 스위스의 국경에 있는 페르네에 새로운 정착지를 마련했습니다. 여기서는 프랑스의 권력도 염려되지 않았고 스위스 정부가 간섭하는 경우에는 프랑스로 도피

에드워드 기번

예카테리나 2세

하기도 쉬웠습니다. 결국 이곳이 나의 마지막 고향이 되었지요. 이때부터 이름도 없었던 조그만 시골 페르네가 유럽의 정신적 중심지로 변했습니다. 당시의 학자들과 계몽군주들이 직접 또는 서신으로 나에게 경의를 표했고, 회의적인 성직자, 자유사상을 가진 귀족, 지식층의 여인들이 이곳을 찾아왔습니다. 영국의 역사가 기번(Gibbon)*이 방문했는가 하면 백과전서 학파들의 발길도 끊이지 않았습니다. 덴마크와 스웨덴의 국왕, 러시아의 여제 예카테리나 2세**도 나를 흠모했으며, 지난날의 프리드리히 대왕도 화해의 편지를 보내왔습니다. 나는 이곳에서 6,210권의 책을 소장한 조그만 도서관을 만들었고 이 조그만 마을에 시계공장을 건립하여 마을의 경제적 번영에도 힘을 썼습니다.

나는 새로운 교회를 짓게 했는데 그 이유는 신앙심 때문이 아니었어요. 교회가 바로 성 앞에 있어 전망을 가렸기 때문입니다. 물론 처음에는 반

---

*　에드워드 기번(Edward Gibbon, 1737~1794)은 영국의 역사가이다. 『로마 제국 쇠망사』의 저자로 잘 알려져 있다. 『로마 제국 쇠망사』는 역사학뿐 아니라 경제학 정치학 문화에 큰 영향을 미친 저작으로서 이를 테면 나폴레옹에게는 제국 건설에 대한 야망을 갖게 했고, 처칠에게는 『회고록』을 집필하는 동기를 부여했다. 이 책은 이후 수많은 소설과 영화에 영감을 주었으며 현대에도 로마 연구에 대한 기본 자료로 활용되고 있다. 역사상 로마와 관련된 저작 가장 권위 있는 저서로 간주된다.

**　예카테리나 2세(Екатерина Ⅱ Великая, 1729~1796)는 러시아 제국의 황후이자 여제(1762~1796)이다. 로마노프 왕조의 8번째 군주로 무능한 남편 표트르 3세를 대신해 섭정을 맡았다가 1762년 남편 표트르 3세를 축출하고 차르가 되었다. 행정 개혁과 내치, 문예 부흥 등의 공적을 높이 평가해 예카테리나 대제라 불리기도 한다.

대와 항의가 거셌으나 결국 교황청도 이를 허락했습니다. 교회와 함께 아름다운 극장도 세워졌지요. 이 극장에선 나의 희곡들이 친지들 앞에서 공연되었으며 많은 유럽의 정치가와 학자들이 이 극장을 방문했습니다. 물론 대부분 아마추어들이 배우로 출연했는데 주역은 주로 나의 조카인 드니(Denis)가 맡았습니다. 나중에 극작가 코르네유(Corneille)*의 손녀로 알려진 소녀를 데려다 배우로 삼았습니다.

1778년 2월 5일, 83세 된 나는 파리 여행길에 올랐습니다. 물론 의사들은 나의 건강을 고려하여 힘든 여행을 그만두라고 권유했으나, 젊은 시절의 추억이 얽힌 파리를 나는 잊을 수 없었어요. 지루한 여행 끝에 2월 10일 오후 4시에 나는 드디어 파리에 도착했습니다. 파리의 많은 시민들은 옛 시민이자 유명한 철학자이고 동시에 칼라스의 사건으로 유명해진 의리의 사나이를 환영하기 위해 몰려들었습니다. 그중에는 파리 주재 미국 대사로 와 있던 벤저민 프랭클린도 끼어 있었는데요. 그는 손자를 데리고 와서 나에게 축복을 해달라고 부탁했습니다. 성직자들은 나를 마지막으로 회개시키려 노력했으나 나는 모두 거절했습니다. 모든 것이 좋았으나 유감스럽게도 나는 나이가 너무 많았어요. 시골의 맑은 공기에 익숙한 고목이 도시의 혼잡한 공기를 견뎌낸다는 것은 정말 어려운 일입니다. 파리에 도착한 지 2주일 만에 나는 결국 병이 들었습니다. 안정과 휴식을 취하라는 의사의 권유에도 불구하고 나는 계속하여 병상에서 방문객을 맞았습니다. 한 번은 신부가 나를 방문하고 고해를 들으려 했습니

---

* 코르네유(Pierre Corneille, 1606~1684)는 프랑스의 극작가다. 프랑스 고전 비극의 완성자로, 인간 의지와 이성의 승리를 즐겨 묘사했다. 작품에 「르 시드」, 「오라스」, 희극 「거짓말쟁이」 등이 있다.

다. "누가 당신을 보냈소?" 하고 내가 묻자 그는 "신께서 보냈습니다"라고 대답하더군요. 이에 대하여 내가 "좋아요, 그런데 신부님, 신임장은 갖고 왔소?"라고 묻자 신부는 화를 내며 돌아가고 말았습니다. 나는 내가 죽은 후에 이교도처럼 처리될 것을 걱정하여 골티에 신부를 불러 타협하려 했지만, 그 신부는 내가 가톨릭 교리를 믿는다는 고백서에 서명하기 전에는 고해를 받지 않겠다고 말했습니다. 나는 서명하는 대신 비서를 통해 다음과 같은 성명서를 쓰게 했지요. "나는 신을 숭배하고 벗을 사랑하고, 적을 미워하지 않고 미신을 혐오하면서 죽도다. 1778. 2. 28. 볼테르."

그 후 나는 약간 회복되어 아카데미 극장으로 갔습니다. 아카데미에서는 많은 학자들이 모여 나를 맞이하는 환영회를 열었고, 나를 아카데미 원장에 추대하려는 움직임도 나타났습니다. 극장에서는 나의 연극이 공연되었는데 어디나 초만원이었지요. 특별 입장권을 가진 왕후도 입장하는 데 애를 먹었을 만큼이요. 장내는 터져 나오는 환성 때문에 배우의 말도 잘 들리지 않았어요. 그 후 나는 노쇠한 몸에도 불구하고 나에게 위임된 학사원장직을 맡으면서 학사원에서 발행하는 사전의 개조 작업에 손대다가 1778년 5월 30일 눈을 감았습니다. 임종 시에 신부가 와서 엄숙한 목소리로 인류를 구원하신 신을 믿느냐고 묻기에 나는 고개를 돌리며 조용하게 죽도록 놓아두라고 대답했습니다. 그리고 마음속으로 이렇게 외쳤어요. "이성의 시대가 동이 텄다. 오, 자연이여! 그대에게 영원한 감사를 드린다."

소설처럼 감동적인 이야기네요. 루소 선생님에게 묻겠습니다. 파리에 도착했을 때 선생님은 가진 것도 없는 평범한 청년이었습니다. 어떻게 해서 부유한 귀족이었던 뒤팽 부인을 알게 되었습니까?

루소: 나는 시골에서 올라올 때 몇몇 추천서를 받아 지참하고 있었습니다. 내가 음악을 가르쳤던 집의 가장인 마블리 씨도 친절하게도 파리에 있는 친지에게 추천장을 써주었는데요. 그 덕분에 나는 두 명의 할 일 없는 귀족들에게 작곡법을 가르칠 수 있었습니다. 이분들 친구의 도움으로 나는 내가 쓴 악보 표기법을 학사원에 제출할 수 있었지요. 그러나 별로 긍정적인 반응을 얻지 못했고, 아예 그에 대한 책을 내게 되었습니다. 그것마저 신통한 결과를 내지 못하자 나는 장기로 성공하려고 장기를 열심히 배웠지만 재능이 없다는 걸 알게 되었습니다. 학생들도 떠나갔고요. 나는 노트르담 성당 주위를 빈둥거리며 시간을 보냈습니다. 그때 안면이 있던 한 신부를 만났고 그가 나에게 "파리에서 출세하려면 여성들에게 접근해야 한다"라고 충고해주면서 나를 어떤 귀족 부인과 그 딸의 음악교사로 추천했습니다. 나는 며칠을 미루다가 결국 그 부인을 찾아갔는데 의외로 친절하게 맞아주더군요. 이야기를 나누다가 점심때가 되자 부인은 하인들에게 상을 차리게 했는데 나의 식탁이 하인들 옆에 차려졌습니다. 나는 자존심이 상해 바쁜 일이 있어 가봐야겠다고 일어섰습니다. 눈치를 챈 부인은 자기들과 함께 식사를 하자고 사정했습니다. 못 이기는 체하고 밥을 먹은 후 나는 호주머니에 들어 있는 자작시를 꺼내 낭송했습니다. 부인과 딸은 어찌나 감동했던지 거의 눈물을 흘릴 지경까지 갔답니다. 그 뒤부터 나는 재능 있는 시인, 멋있는 음

악가, 유능한 작곡가로 통하게 되었지요. 곧 이런 소문이 퍼졌고 나는 뒤팽 부인의 살롱에 출입하게 되었습니다.

칸트: 루소 선생님은 훗날 『고백록』에서 뒤팽 부인을 파리 최고의 미인이라 칭찬했는데 당연히 이 부인을 사랑했겠군요.

루소: 너무 선입견을 가진 질문입니다. 그러나 맞습니다. 최고의 미인이었지요. 미인일 뿐만 엄청난 부자였고 또 매우 지적인 여성이었습니다. 나보다 5살 연상인 이 부인은 나를 거리낌 없이 동생처럼 대해주었어요. 나는 마음속으로 부인을 사랑했습니다. 그러나 고관대작들에게 둘러싸인 부인에게 사랑을 고백할 용기는 없었어요. 꼭 한 번나는 편지로 사랑을 고백한 적이 있습니다. 부인은 사흘 뒤에 말없이 그 편지를 나에게 되돌려주었습니다. 그 뒤부터 부인은 좀 냉담해졌습니다. 어느 날 부인의 전실 아들이며 나와 나이가 비슷한 프랑쾨유가 나에게 집에 드나드는 것을 좀 자제해달라고 말하더군요. 나는 부끄럽고 절망적인 심정이 되어 속 시원히 떠나갈 결심을 했습니다. 그러나 부인이 말렸습니다. 부인은 매우 현명한 여성이었어요. 아니면 머리를 굴리고 있었을지도 모르지요. 그녀도 책을 쓰고 싶어 했는데요. 아마도 그녀는 책을 쓰는 데 내가 어떤 도움이든 줄 수 있을 거라고 생각한 것 같습니다. 여하튼 나는 계속 그녀의 집에 출입하면서 명사들과 낯을 익혔고 훗날에는 부인의 비서로도 일했습니다.

루소 선생님은 『고백록』에서 우도트 부인과의 사랑에 관해 이야기하면서 "그녀를 내 것으로 만들기에는 너무도 깊이 사랑하고 있었다"라고 말했습니다. 제 기억이 옳다면 선생님은 바랑 부인에 관해서도 비슷한 말을 했습니다. 죄송합니다만 제 생각으로 이 말은 약한 자들의 변명처럼 들립니다. 그리고 선생님은 다른 곳에서 "나의 정열은 모든 것이든가 무(無)이든가 둘 중의 하나가 되어야 한다"라고 말했는데요. 두 말 사이에 모순이 있는 것 같습니다. 앞의 말에서는 정열 속에 이성이 포함되어야 한다는 뉘앙스를 느낄 수 있거든요. 어떻게 생각하십니까?

루소: 사회자는 진정으로 사랑을 해보지 못한 것 같습니다. 사랑에는 논리로 따질 수 없는 모순이 들어 있습니다. 보통 사람에게는 내 말이 변명처럼 들릴지도 모릅니다. 그러나 진정으로 사랑에 빠져본 사람이라면 이 말을 충분히 이해할 수 있을 겁니다.

칸트 선생님, 두 선생님의 이야기를 듣고 나니 어떤 느낌이 드세요?

칸트: 태어난 도시에서 일생 동안 조용히 살았던 내가 도저히 상상도할 수 없는 격정적인 삶을 두 선생님은 살았습니다. 여인에 대한 사랑에서, 사회적 모순에 대한 투쟁에서, 나는 두 선생님을 도저히 따라갈 수 없습니다. 존경스럽기도 하지만 다른 한편으로 철학자의 삶과 어울리지 않는다는 느낌도 받았습니다.

루소: 칸트 선생의 비판은 나를 염두에 둔 것 같습니다. 그렇습니다. 나

는 체계적으로 연구하는 이론적인 철학에는 전혀 관심이 없었습니다. 다시 말하면 독일적인 관점에서 본다면 나는 결코 철학자가 아닙니다. 나는 삶에서 얻은 체험을 소설과 논문에서 표현하려 했습니다. 물론 나의 논문도 논리적이라기보다 논쟁의 성격이 더 강한 논쟁문에 불과합니다. 그러나 꼭 형식이 갖추어진 논문이나 체계적인 저술만을 철학적이라고 말할 수 있을까요? 철학은 삶과 직결되어야 하고 삶은 모순으로 가득 차 있습니다. 논리적인 분석을 넘어서지요. 여기에 프랑스 철학과 독일 철학의 차이가 있는 것 같습니다. 훗날 프랑스 철학자 카뮈는 철학사를 중심으로 하는 체계적인 철학을 '독일적인 병'이라 비웃기도 했습니다. 그리고 나는 애정행각으로 점철된 한 사상가의 삶이 철학자의 삶과 어울리지 않는다는 칸트 선생의 의견에는 동의할 수 없습니다. 남녀 간의 참된 사랑이 없는 삶은 온전한 삶이 될 수 없으며, 온전한 삶과 거리가 먼 철학은 인간의 참된 삶을 해명할 수 없습니다. 물론 순수한 모습으로 철학 연구에만 몰두한 많은 철학자들을 비난할 생각은 추호도 없습니다. 오히려 박수를 보내고 싶습니다. 그러나 많은 여인들과 사랑을 나누고 인생을 논한 사상가들이 철학과 거리가 멀다고 말할 수도 없을 것 같습니다.

볼테르: 나도 동감입니다. 어떤 사람들은 철학자인 내가 주식에 투자하고 시계공장과 극장을 운영하며 철학보다도 사업에 더 정신을 쏟았다고 비난하는데, 철학자라고 해서 생활을 무시할 수는 없습니다. 직장을 잃을까 봐 걱정하는 철학자는 자기 신념에 따른 철학을 할 수 없습니다. 돈 없는 재능은 궁핍이며 궁핍은 바로 종속을 의미하니까

요. 내가 살았던 시대에서 경제적으로 완전히 독립할 수 있었던 학자는 내가 처음이었던 것 같습니다. 나는 순수 학문에만 매달리는 독일 철학자들이 오히려 고리타분하다고 생각합니다.

정의를 위해 투쟁을 많이 하신 볼테르 선생님, 선생님이 잠깐 언급한 칼라스에 대한 이야기를 들려주시면 고맙겠습니다.

볼테르: 페르네에서 멀지 않는 곳에 프랑스의 도시 툴루즈가 있습니다. 당시 프랑스는 가톨릭이 우세했으므로 이 도시에서도 가톨릭 신부들이 모든 권리를 장악하고 있었지요. 이 도시에 칼라스(Calas)라는 선량한 신교도가 살고 있었는데 그의 딸이 가톨릭으로 개종했습니다. 1761년 10월 어느 날 밤 그의 큰아들이 아버지의 가게에서 목매어 자살하는 불행한 일이 일어났습니다. 당시 자살은 죄악으로 취급되었기 때문에 자살자는 벌거벗겨 수레에 매어 거리로 끌고 다니다가 교수대에 매달아놓는 법률이 있었습니다. 이 처벌을 피하기 위하여 아버지는 친척과 친구들에게 아들이 자연사한 것으로 증언해달라고 부탁했습니다. 그때 아들이 가톨릭 쪽으로 개종하는 것을 막기 위하여 아버지와 작은 아들이 큰아들을 살해했다는 소문이 가톨릭 신도들 사이에 퍼지기 시작했습니다. 칼라스와 작은 아들은 체포되었고 살인에 대한 아무런 증거가 없었지만, 당시는 툴루즈 사람들이 신교도를 증오하고 있었기 때문에 유죄 판결을 받았습니다. 재산은 몰수되었으며 아들은 추방당했고, 칼라스 자신은 고문을 당한 후 바퀴에 매달려 으깨져 죽는 가장 처참한 형벌을 받았습니다. 살아남

칼라스 사건의 전말을 해명한 볼테르의 편지.
맨 아랫줄에 "파렴치를 분쇄하라(Ecrasez l'imfâme!)"고 적혀 있다.

은 그의 둘째 아들이 박해를 받다가 페르네로 도망쳐 나의 도움을 요청했습니다.

나는 이러한 비인간적인 박해의 이야기를 듣고 경악과 함께 분노를 금치 못했습니다. 나는 이 사건의 해명을 위해 투쟁하기로 결심했습니다. 나는 그때부터 단순한 학자가 아니라 행동하는 지식인이 되었고, 그 실천을 위해 발 벗고 나섰습니다. 나는 이 사건에 대한 명쾌한 전말서를 인쇄하여 친구들에게 돌렸고 영향력 있는 친구들에게 도움을 구했습니다. 칼라스의 부인을 파리로 보내 청원하게 했고요. 교회는 나를 회유하려 들었지만 나는 굴복하지 않고 오히려 친구들에게 쓰는 모든 편지의 끝에 "파렴치를 분쇄하라!(Ecrasez l'imfâme!)"라는 말을 삽입했습니다. '파렴치'란 광신을 의미합니다. 결국 3년간의 투쟁 끝에 이 사건이 파리에서 다시 취급되어 지난날의 판결이 번복되었습니다. 칼라스의 아이들은 자유를 얻었고, 나는 친지들로부터 거두어진 성금으로 이 가족들의 장래를 보살펴주게 되었지요. 칼라스의 사건은 전 유럽을 통해 알려지고 나는 미소를 띨 수 있었습니다.

그러나 이와 비슷한 사건들이 프랑스에서 계속 일어났습니다. 예컨대 신교도 시르방(Sirven)의 딸 하나가 가톨릭 개종을 종용 받고 정신 착란을 일으켜 우물에 빠져 죽자 시르방이 일부러 빠뜨려 죽였다고 죄를 뒤집어씌운 일, 17세의 소년 라 바르(La Barre)가 다리 위에서 나무 십자가를 부러뜨렸다 해서 혀를 잘라내는 고문을 가한 뒤 사형시킨 것 등입니다. 그때마다 나는 지치지 않고 뛰어들어 사실을 규명하려 노력했습니다. 나는 '사법살인'을 비판하고 종교적 광신이 얼마나 인류의 행복에 재앙을 가져오는가를 사람들에게 알리기로 했습니다. 미신, 신학, 교회뿐만 아니라 이데올로기적인 제도로서 기독교 전체를 나는 '파렴치한 것'으로 간주했습니다. '파렴치한 것'은 불관용과 광신을 나타내는 말로서 관용과 이성을 모토로 하는 계몽주의의 적입니다. 불관용과 광신을 타도한다는 것은 구체적으로 그것을 유지하고 있는 기독교를 타도한다는 의미를 지닙니다. 나는 "기독교를 만들어내기 위해 열두 사람이 필요했다는 얘기를 신물이 나도록 들었다. 그러나 나는 기독교를 파괴하는 데에 한 사람만으로 충분하다는 것을 증명하고 싶은 의욕을 갖는다"라고 말했습니다. 물론 나는 무신론자로 자처하지는 않았습니다. 이성을 강조하면서 종교의 모순을 비판하는 나의 입장은 오히려 이신론적이라 할 수 있으니까요. 나는 "만약에 신이 존재하지 않는다면 우리는 신을 발명해내야 한다"라고도 말했습니다. 나는 페르네에 교회를 새로 짓고 "신을 위해 볼테르가 세웠다"라는 말을 새겨놓기도 했습니다. 나는 신이 존재하기 때문에가 아니라 사회적인 제도로서 종교의 가치를 인정한 것입니다.

루소 선생님과 칸트 선생님의 종교관을 듣고 싶습니다.

루소: 나는 여러 번 개종했습니다. 고아로 세상을 방황해야 했던 내가 무난하게 살아가기 위해서 취한 어쩔 수 없는 선택이었습니다. 나는 종교에 별 관심이 없었기에 어떤 종교든지 상관없다고 생각했습니다. 내 이성과 양심의 목소리를 더 존중했습니다. 나의 저술들에는 종교

와 연관하여 많은 모순적인 표현들이 나타나는데요. 무신론적인 표현도 있고 유신론적인 표현도 있습니다. 젊었을 때 나는 "내가 과연 구원을 받을 수 있을까, 아니면 지옥에 떨어질까?"라고 생각하면서 불안을 느끼고 고민한 적이 있습니다. 그때 돌을 주워 나무에 던지면서 맞으면 구원을 받고 맞지 않으면 지옥에 간다고 생각했지요. 다행히 돌이 나무에 맞아 안정을 되찾았습니다. 물론 그때 큰 돌을 가까이에서 던졌기 때문에 맞지 않을 수 없었지요. 나는 종교인과 무신론자를 양분하여 어느 한쪽 편을 들지 않았습니다. 그러나 중세 봉건주의, 근세 절대군주제를 이념적으로 지탱해주는 종교는 비판의 대상이 되지 않을 수 없었습니다. 나는 특히 개인의 자유를 규제하는 제도화된 종교가 싫습니다. 전반적으로 나는 신과 자연의 일치를 주장하는 범신론자라고 말할 수 있는데요. 인간이 바로 신이고 자연이 바로 신입니다. 신은 아름다운 자연이나 인간의 마음속에 항상 존재하는 게 아닐까요?

칸트: 종교가 무조건적인 믿음을 강조한다면 철학은 이성적인 통찰을 강조합니다. 이성적인 통찰을 중시하는 사람은 종교인이 되기 어려우며 무조건적인 믿음을 중시하는 사람은 참된 철학자가 될 수 없습니다. 나는 원래 청교도의 경건주의적 분위기에서 자랐습니다. 경건주의는 교리보다도 개인의 경건함을 고양하고 도덕적 생활과 사회생활을 강조하는 당시의 종교적 경향이었으며, 가난과 검소와 근면을 중시한 소시민의 생활 태도에 부합했습니다. 나는 철학자가 된 후 종교를 이성적으로 해명하려 노력했습니다. 기독교의 교리를 합리적으

로 해석하려 했지요. 그렇게 하여 저술한 책이 『순수한 이성의 한계 내에서의 종교』였습니다. 나는 신의 존재를 증명하려 했던 토마스 아퀴나스의 시도가 오류라는 것을 지적했습니다. 신은 결코 증명될 수 없는 존재입니다. 그러나 나의 책은 당시 종교적 이념으로 지탱되고 있는 프로이센 정부의 눈에 거슬렸습니다. 프로이센의 장관이 다시는 종교 문제를 건드리지 말라는 나에게 경고를 보냈지요. 나는 충실한 신민으로서 그렇게 하겠다고 약속했습니다. 그 후 더는 문제가 발생하지 않았습니다. 훗날 내가 어떤 책에서 "지식은 신앙에 자리를 양보해야 한다"라고 말했는데요. 이 말을 보고 프로이센 당국은 회심의 미소를 지었을 것입니다. 그러나 나는 성인이 된 후 한 번도 교회에 가본 적이 없습니다.

볼테르: 그것 보세요, 칸트 선생, 선생이 주식 투자나 부동산 투자를 해서 부자가 되었든가 돈 많은 부인을 애인으로 두었다면 그렇게 굽실거리지 않아도 되었을 거 아닙니까? 학문을 억압하려는 정권은 항상 존재하게 마련이므로 철학자는 모든 수단을 동원하여 그것을 피해야 합니다.

(일동 웃음)

자연을 사랑하는 루소 선생님이 파리의 생활에서 질식할 것 같은 느낌을 받았다고 말했는데 당시의 파리는 어떤 상황이었는지 칸트 선생님께서 다시 한 번 설명해주시기 바랍니다.

칸트: 당시 파리에 가보지도 못한 내 판단이 맞을지 모르겠습니다만, 직접 가본다 해서 그 내막을 다 아는 것은 아닐 테지요. 내 말에 혹시 오류가 있다면 직접 파리에서 거주한 두 선생께서 수정해주시기 바랍니다. 역사적인 자료를 종합해서 말한다면 당시 파리에서는 가진 자와 못 가진 자, 권력이 있는 자와 없는 자가 한 치의 양보도 없이 대립하고 있었습니다. 이념적으로 종교는 가진 자들의 편에 서 있었고 사회적 모순을 무너뜨리고 이성적인 사회를 건설하려 했던 계몽적인 철학자들은 교회와 권력에 대항하는 입장이었습니다. 성직자가 중심이 되는 제1신분과 귀족이 중심이 되는 제2신분에 맞서 농민과 노동자, 시민이 중심이 되는 제3신분이 혁명을 준비하고 있었지요. 당시 프랑스에는 인구의 약 2%에 불과한 제1, 2신분의 특권층이 전 토지의 반을 소유하고 있었습니다. 이들은 각종 세금을 면제받았고 관직도 독점했습니다. 왕의 호화로운 궁정에는 약 4천 명의 시종들이 딸려 있었고 왕비도 그에 버금가는 호화를 누리며 국고를 탕진했습니다. 신음하는 백성들의 등에 올라탄 성직자들과 귀족들은 사치스러운 삶을 만끽했습니다. 파리는 물론 프랑스 전체가 혁명 직전의 상황에 놓여 있었던 거예요.

루소: 거의 정확하게 지적해주었습니다.

볼테르 선생님과 루소 선생님이 다 같이 백과전서파와 연관되는 것 같은데 그에 관해서 볼테르 선생님이 말씀해주세요.

볼테르: 칸트 선생이 당시의 상황을 정확하게 분석했습니다. 혁명을 앞당기기 위해 발 벗고 나선 것이 백과전서파입니다. 1746년에 파리의 출판업자들이 1727년 영국에서 발간된 학문 및 예술에 관한 백과사전을 번역하여 출간하기로 결정하고, 루소 선생도 잘 알고 있는 디드로(Diderot)*에게 자문을 구했습니다. 디드로는 번역만으로 불충분하니 새로운 기획을 해야 한다고 제안했고, 디드로의 제안이 받아들여져 디드로는 책임자로 선정되었습니다. 그러나 이 백과사전이 많은 예약을 받으려면 이름 있는 편집자가 있어야 했으므로 프랑스 학사원 회원이었던 유명한 수학자 달랑베르(d'Alembert)**가 동참하게 되었지요. 이들의 요청으로 많은 학자들이 공동 집필에 참여했는데, 루소 선생과 나도 거기에 끼었습니다. 특히 부유한 홀바흐(돌바크; d'Holbach)***가 경제적으로 많은 도움을 주었습니다. 가난한 학자들과 부유한 귀족이 봉건주의에 반대하는 이념으로 손을 잡은 거예요.

이렇게 하여 『백과전서』의 출간에 160명에 달하는 프랑스 계몽주의자들이 총 집합하게 되었습니다. 경제학에 관한 항목에서는

---

* 디드로(Denis Diderot, 1713~1784)는 프랑스의 철학자다. 무신론(無神論), 유물론(唯物論)에 가까운 입장에서 철학, 문학 따위를 비평했고, 달랑베르와 함께 『백과전서』를 편찬하여 출판했다. 저서에 『자연 해석에 관한 사색』, 『달랑베르와의 대화』 등이 있다.

** 달랑베르(Jean Le Rond d'Alembert, 1717~1783)는 프랑스의 수학자·물리학자·철학자이다. 적분학, 유체 역학을 연구했고, 디드로와 함께 『백과전서』를 편찬했는데 이때 서론과 수학 항목을 담당했다. 저서로 『역학론』, 『철학 원리』 등이 있다.

*** 홀바흐(Paul Henri Dietrich d'Holbach, 1723~1789)는 프랑스의 철학자이자 계몽사상가다. 계몽기의 대표적인 유물론자 중 한 사람으로서 무신론적 유물론을 전개했다. 저서에 『자연의 체계』가 있다.

케네(Quesnay)[*]와 튀르고(Turgot)^{**}가, 수학과 물리학에 관한 항목에서는 달랑베르가, 정치 및 국가론에 관한 항목에서는 몽테스키외(Montesquieu)^{***}가, 음악에 관한 항목에서는 루소 선생이, 철학에 관한 항목에서는 콩디야크(Condillac),^{****} 헬베시우스, 홀바흐가, 역사, 문학, 신학에 관한 항목에서는 내가 책임을 맡았습니다. 디드로는 원고를 교정하거나 보충하는 편집 작업뿐만 아니라 스스로도 상업과 연관되는 항목을 기술했습니다. 이 분야가 말하자면 제3신분과 연관되는 사항이었고 디드로는 그 일을 즐겨 했습니다. 젊은 시절의 고생이 그에게 용기를 준 것 같습니다. 산업과 연관되는 원고를 작성하기 위해서 그는 작업장을 찾았고 기계를 분해하는 일도 마다하지 않았지요. 그는 노동자들과 만나 대화도 나누었는데 대부분 어렵게 살아가고 있는 일용직 노동자들이었습니다. 그는 인민의 중심이 되는 노동자들이 행복하게 살 수 있어야 나라가 강해질 수 있다는 사실을 깨닫고 백과전서의 이념을 거기에 맞추기로 결심했습니다.

그러나 실제 작업에는 어려움이 많았습니다. 공동 집필자 가운데 개인적인 의견 차이로, 혹은 당국의 탄압이 두려워 집필을 포기하

---

[*]　케네(Fran ois Quesnay, 1694~1774)는 프랑스의 경제학자이자 의사로 활동했다. 중농주의의 창시자로 생산의 원천으로서의 농업을 중시하고 세제의 개혁과 자유방임 정책을 주장했다. 루이 15세의 시의(侍醫)로서도 유명하며, 저서에 『경제표(經濟表)』가 있다.

^{**}　튀르고(Anne Robert Jacques Turgot, 1727~1781)는 프랑스의 정치가이자 경제학자다. 중농주의 정책을 시행하고 길드를 폐지하는 등 자유주의 개혁을 시도했지만 특권층의 반대로 실패했다. 저서에 『부(富)의 형성과 분배에 관한 성찰』 등이 있다.

^{***}　몽테스키외(Charles Louis de Secondat Montesquieu, 1689~1755)는 프랑스의 계몽사상가이자 정치 철학자다. 『법의 정신』을 지어 3권 분립을 주장하여 미국 헌법과 프랑스혁명에 영향을 주었고, 법률 제도의 원리를 실증적으로 추구하여 사회과학 연구의 방법론을 개척했다.

^{****}　콩디야크(tienne Bonnot de, Condillac, 1715~1780)는 프랑스의 철학자다. 로크의 경험주의적 인식론을 연구하여 감각론의 대표자가 되었다. 저서에 『인식 기원론』, 『감각론』 등이 있다.

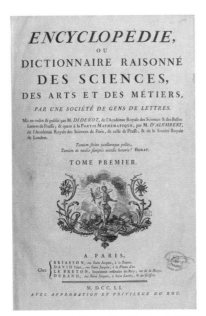

『백과전서』 표지. '혹은 과학, 예술, 기술에 관한 체계적인 사전'이라는 부제가 달려 있다.

는 사람이 나타났거든요. 그럴 때마다 디드로는 대신 원고를 작성해야 했습니다. 그는 이 전서의 조직, 편집, 저술을 맡지 않을 수 없었는데 그러나 끈질기게 거기에 열성을 쏟아 부었습니다. 1746년에 백과전서의 기획이 수립되었고, 1750년에 전반적인 내용을 안내하는 책자가 나왔습니다. 이 백과사전의 목적은 자연적인 인권의 비이성적인 탄압에 대항하여 계몽과 과학기술적 발전, 경제적인 자유와 인민주권을 쟁취하는 것이었습니다. 우리는 이 책이 사물의 참된 근원을 밝히고 인간 지식의 확보와 발전에 기여할 수 있는 교과서가 될 수 있다고 확신했습니다. 정부 당국과 교회는 이 책의 출간을 감시했고 의심의 눈으로 바라보았습니다. 새로운 이념은 사회 혼란의 불씨가 될 수 있다고 본 거예요. 당국은 이 책의 출판 의도를 알아내려고 노력했습니다. 백과전서파들도 그것을 눈치 챘기 때문에 종교나 정치에 관한 항목은 비교적 중립적인 입장에서 온건하게 기술했지요. 그 대신 다른 항목을 참조하라는 주를 붙여놓았는데 그곳에는 가차 없는 비판이 나타납니다. 이렇게 하여 검열관들의 눈을 피할 수 있었지만 독자들, 특히 시민계층의 지식인들은 새로운 것을 많이 배우며 열광했습니다. 당국의 감시와 교회 쪽에서 오는 비판이 오히려 이 책의

『백과전서』 1772년판 권두화에서 뽑은 그림. 칠스 니콜라스 코친이 그렸고 보나벵튀르 루이 프레보스가 새겼다. 이 그림은 상징주의에 영향을 받은 것으로 가운데 진리가 모습을 드러내고 있다. 계몽주의의 중심 상징인 밝은 빛이 주위를 감싸고 있다. 오른쪽에는 이성과 철학이 있고, 진리를 감싼 베일을 잡아당기고 있다.

인기를 올려준 셈입니다. 교회는 이 책을 '지옥의 산물'이라고 지탄하면서 이 책을 폄훼하기 위해 갖은 수단을 동원했지요. 삼류작가를 매수하여 비판적인 글을 쓰게 했고, 사회 안정을 해치며 무신론적이라는 이유로 사직당국에 고발하기도 했습니다. 이 책의 도판이 도용되었다, 철학적으로 애매모호하다, 현대인들에게 병균을 옮기는 병과 같다는 비난과 야유도 쏟아져 나왔고요. 그러나 봉건주의에 대항하려 했던 시민계층은 오히려 백과전서를 지지했습니다. 이 책은 신학의 시녀 노릇에서 해방된 철학과 과학을 알려주었고 이성적인 사회를 염원하는 시민들의 환영을 받았습니다.

1752년에 루이 15세는 이 책이 국왕의 권위를 손상시키고 무신론을 부추기면서 혼란을 야기한다는 이유로 판금 조치를 내렸는데요. 교회, 특히 예수회 신도들의 청원이 작용했던 겁니다. 그러나 사회적인 분위기는 이미 백과전서 편이었고 예수회파와 사이가 나빴던 루이 15세의 연인 퐁파두르 부인의 도움으로 1759년에 판금이 해제되었습니다. 그러자 다시 예수회의 추종자들이 당국에 판금을 요청했고, 교황청은 1759년 9월에 출판업자와 기고가들을 파문했습니다. 『백과전서』 편집자들의 내부에서도 갈등이 나타났습니다. 루소 선생은 「제네바」에 대한 달랑베르의 원고에 불만을 품고 백과전서파들과 손을 끊었으며 달랑베르도 의견 차이 때문에 그해 10월에 디드로에게 등을 돌렸습니다. 나도 종교 문제를 은폐하는 방식에 불만을 품고 협조를 중단했으며 일부 기고가들은 아예 교회 쪽으로 넘어가기도 했습니다. 출판업자들이 압력을 받고 원고를 수정하거나 삭제하는 일도 일어났어요. 보이지 않는 당국의 탄압과 교황청의 파문 때문에 책이 비합법적으로 판매될 수밖에 없었습니다. 그러나 디드로는 포기하지 않았습니다. 1759년 7월에 당국은 더는 책이 나올 수 없으므로 예약금을 예약주문자들에게 돌려주어야 한다는 명령을 발표했지만 돈을 돌려받으려는 예약자는 단 한 명도 나타나지 않았습니다. 진보를 갈망하는 시대적인 분위기가 『백과전서』의 편에 서서 편찬을 고무해준 것입니다.

쉽고 자세하게 설명해주신 볼테르 선생님께 감사드립니다. 당시 연극과 연극론을 둘러싸고 두 분 선생님 사이에 논쟁을 벌어진 걸로 아는데 그에 관해서 루소 선생님이 이야기해주세요.

루소: 앞에서 볼테르 선생님이 언급한 것처럼 달랑베르는 『백과전서』의 「제네바」에 관한 항목에서 제네바 사람들도 연극예술을 즐길 수 있도록 극장을 세워야 한다고 썼습니다. 아마 연극을 좋아하는 볼테르 선생님의 환심을 사려했던 게 아닌가 생각됩니다. 나는 「연극에 관하여 달랑베르에게 보내는 편지」를 발표했습니다. 엄격한 칼뱅의 도덕주의적 입장에 서서 극장은 도덕성을 함양하는 학교가 아니기 때문에 제네바에는 극장이 필요 없다고 주장한 거죠. 관객들은 비극을 보고 허구적인 불행에 눈물을 흘리며 희극은 악한 행위를 하지 말라고 경고하는 것이 아니라 기껏해야 다른 사람에게 웃음거리가 되지 말라고 경고할 뿐이기 때문입니다. 이 글을 보고 달랑베르는 나에게 등을 돌렸습니다. 나는 볼테르 선생님이 제네바에 임시로 극장을 세웠다는 소식을 듣고 볼테르 선생님에게도 대강 다음과 같

은 편지를 보냈습니다. "당신은 당신이 찾은 피난처 제네바를 타락시켰습니다. 바로 당신이 제가 고향에 머무는 것을 견딜 수 없게 만든 장본인입니다. 저는 당신 때문에 이국 땅에서 죽어야 합니다. 당신이 제 조국에서 인간이 바랄 수 있는 모든 영예를 차지하는 동안 저는 모든 위안과 명예를 박탈당하고 길가에 버려질 것입니다. 간단하게 말해 저는 당신을 증오합니다."

볼테르 선생님, 이 편지를 받았을 때의 심정은 어떠했나요?

볼테르: 나는 루소가 완전히 미쳐버렸다고 생각했습니다.

칸트: 볼테르 선생님은 독일의 프리드리히 대왕에게 보낸 편지에서 '무대는 교회에 대적할 수 있는 강력한 도구'라고 쓴 적이 있습니다. 그러나 희곡 「마호메트」*에는 이슬람교를 비판하는 내용이 담겼고 나중에 선생님은 이 희곡을 근거로 교황에게 청원하여 메달까지 받았습니다. 너무 모순되고 좀 속이 보이는 일이 아니었습니까?

볼테르: 독일의 문호 괴테는 고맙게도 나의 희곡 「마호메트」와 「탕크레드」를 번역하여 독일에 소개했습니다. 나는 연극의 목적이 계몽이며 특히 종교적 광신에 대하여 투쟁하는 무기라는 신념을 항상 갖고 있었습니다. 내가 교황에게 청원한 이유는 교황의 입을 통해 내가 기

---

* 1741년에 볼테르가 쓴 희곡으로 이슬람교 창시자인 마호메트를 통해 종교적 광기와 편견을 풍자했다.

독교를 비판하지 않았다는 것을 입증하여 정부의 박해로부터 벗어나기 위한 것이었지요. 그리고 희곡 「마호메트」의 소재가 비록 이슬람교였고 그들의 광신에서 오는 비극을 다루었지만 자세히 음미해보면 모든 종교적 광신에 대한 비판의 의미가 더 큽니다. 내가 특별히 기독교를 편든 것은 절대로 아닙니다. 다행히 교황은 내용을 읽어보지도 않고 기뻐한 것 같습니다.

LE
FANATISME,
OU
MAHOMET
LE PROPHETE,
TRAGÉDIE.
PAR
M. DE VOLTAIRE.

A AMSTERDAM,
Chez ESTIENNE LEDET & COMPAGNIE.
MDCCLIII.

「마호메트」(1741)

루소 선생님은 볼테르 선생님과 다투던 당시에 건강이 좋지 않았다는 기록이 있습니다. 어떤 병으로 고생하셨습니까?

루소: 아마 내가 그때 너무 과민했나 봅니다. 나도 가극에 손을 대지 않았습니까? 가극이나 연극이나 거기서 거기지요. 사실 나는 그 당시 심신이 피로한 상태였습니다. 나는 1년의 4분의 3을 병으로 고생했습니다. 지독한 근시였고 태어날 때부터 방광과 요도에 이상이 있었지요. 소변이 자주 마렵고 성기능도 약했습니다. 젊은 시절에 자위행위를 많이 해서 생긴 병이라 생각했지만 의사들은 그와는 상관없다고 하더군요. 의사에 따라 전립선 비대증, 방광근육 이상, 선천적 요도협착증 등 여러 가지 진단을 내렸습니다. 말년에는 탈장 증세가

지 있었어요. 어떤 의사는 신경과민에서 오는 병이라고 말했습니다. 여하튼 나는 하체의 병 때문에 일생 동안 고생했습니다. 발기부전의 증상도 있었어요. 베네치아에 머물 때 단 한 번 창녀와 관계한 일이 있었는데 그것 때문에 성병에 걸리지 않았는지 늘 고민했지요. 나중에 내 가극을 본 루이 15세가 연금을 주겠다고 알현을 허락했지만 가지 않았습니다. 왕을 알현하는 동안 소변을 참아야 한다는 걱정 때문에, 그리고 연금에 얽매이지 않고 싶다는 자존심이 동시에 작용한 것 같습니다. 나는 병에도 불구하고 항상 내 멋대로 자유롭게 살고 싶어 하는 사람이었습니다.

볼테르: 루소 선생, 18개월 동안 베네치아에 머물면서 단 한 번 여자와 사랑을 했다는 말이 믿어지지 않는데요. 베네치아는 성이 개방된 도시가 아닙니까?

루소: 나의 말을 의심하는 것 같은데, 나는 거짓말을 하지 않습니다. 물론 여자를 접할 또 다른 기회가 있었으나 실패했고, 그 뒤에는 여자를 생각할 시간도 없었고 의욕도 없었습니다. 그에 관해 솔직하게 고백하지요. 내가 대사관에 근무할 때 프랑스 배 하나가 해안에 정박된 채 갇혀 있었어요. 나는 이 배가 떠나가도록 베네치아 당국과 교섭을 해서 도와준 일이 있었습니다. 선장은 감사의 표시로 연회를 베풀었고, 20대 초반의 멋있는 아가씨를 나에게 소개해주었습니다. 내가 반해버릴 정도로 순수하고 아름다운 아가씨였습니다. 그날 밤 같이 호텔에 들어갔는데 옷을 벗은 아가씨를 살펴보니 젖꼭지 하나

가 밖으로 나오지 않고 안으로 들어가 있더군요. 나는 곰곰이 생각하다가 바보처럼 그 이유를 물었습니다. 아가씨는 "선생님, 여자 따위는 상관 말고 수학이라도 공부하는 것이 좋겠네요"라고 말하면서 다음날로 사랑을 미루자고 했습니다. 애를 태우며 내가 그 다음 날 찾아갔더니 아가씨는 이미 어디론가 떠나고 없었지요.

칸트: 루소 선생님도 나처럼 순진했군요. 선생님은 사랑이나 수학보다 음악에 더 재능이 있었던 것 같습니다. 그런데 선생님의 음악이 파리에서 환영을 받지 못하자 프랑스 음악을 비판하는 글을 썼다고 들었습니다. 어떤 글이었나요?

루소: 물론 내가 모차르트나 베토벤처럼 불후의 명작을 작곡했다고 생각하지는 않습니다. 그러나 당시의 음악 수준을 두고 볼 때 그렇게 뒤떨어진 것도 아닙니다. 문제는 당시 프랑스에서는 음악이 질이 아니라 인맥에 의해서 평가되었다는 거에요. 어떤 방식으로든 궁정과 손이 닿아야 했지요. 당시 궁정과 가장 가까운 음악가는 라모였는데 출세하려면 라모에게라도 아부를 해야 했습니다. 나는 천성적으로 아부를 싫어하는 사람입니다. 작가들의 간계와 토론, 정직하지 못한 글, 사교계에서 거드름을 피우는 그들의 태도가 정말 싫었어요. 내 음악이 무시되자 나는 화가 나서 1754년에 「프랑스 음악에 관한 편지」라는 글을 발표했습니다. 이 글에

모차르트의 1770년대 초상화

요제프 칼 슈타이어가 그린
루트비히 판 베토벤의
초상화(1820).
장엄 미사를 작곡하고 있다.

서 프랑스 음악을 이탈리아 음악과 비교한 후 프랑스 음악이 훨씬 뒤떨어져 있다고 비판했지요. 프랑스 작곡가들에게는 멜로디, 화음, 상상력이 부족하며 프랑스어 자체가 음악에 적합하지 않다고 지적했습니다. "프랑스 노래는 쉴 새 없이 개 짖는 소리를 낸다"라고 혹평한 나의 글에 대한 반응은 말하지 않아도 되겠지요? 언론가, 음악가, 사제, 귀족들을 망라한 50여 명의 비평가들이 일제히 나를 공격하고 나섰습니다. 나를 암살하려는 계획까지 세웠다고 하더군요. 이들은 내가 조국의 명예를 손상시켰다고 생각했습니다. 많은 친구들이 나를 떠나갔고 나는 점차 고립되었습니다. 사람을 기피하는 나의 성격상 그것은 꼭 나쁜 현상만은 아니었습니다. 왜냐하면 사람들이 방문하지 않고 편지도 배달되지 않는 한적한 곳에서 글을 쓰는 것이 내 소원이었으니까요.

루소 선생님에게 죄송한 질문을 하겠습니다. 선생님은 자식들을 모두 고아원에 보냈고 후대 사람들은 그것 때문에 선생님을 비난하기도 합니다. 그에 대해 말씀해주세요.

루소: 이미 여러 번 비판을 받은 문제라서 상관없습니다. 독자들이나 청중 여러분은 왜 내가 하층 여자와 동거하고 결혼했는지 궁금해할 것 같습니다. 나의 동반자였던 테레즈는 시계도 볼 줄 모르는 무식한 여자였고, 경박하며 수다스러웠습니다. 뛰어난 미녀가 아닌 평

범한 여자였고요. 그러나 그녀는 나를 편안하게 해주었습니다. 어떤 상황에서도 불평하지 않고 나를 위로해주었지요. 결혼은 하지 말고 동거하자는 나의 제안도 기꺼이 받아들였습니다. 훗날 나는 그녀를 '가정부'라 불렀는데도 그녀는 화를 내지 않았습니다. 나는 그녀에게서 모성애를 느꼈어요. 행복을 느꼈습니다. 그녀는 파리의 사치스럽고 허영에 들뜬 귀부인들과 대조적이었지요. 대부분의 지적인 부인들은 남을 이용하려고 머리를 쓰거나 음모에 가담하곤 했는데 나는 거기에 실망하고 환멸을 느꼈습니다.

내가 그녀와의 사이에 난 다섯 아이를 고아원에 맡긴 것은 순전히 경제적인 이유 때문이었어요. 당시는 이이들을 고아원에 보내는 것이 관행이었습니다. 나는 글을 자유롭게 쓰기 위해 아이들을 기르는 아버지의 즐거움을 희생했습니다. 아이들이 옆에 있었더라면 작은 돈벌이를 위해 원하는 글을 쓰지 못했을 것입니다. 아이들도 가난한 부모 곁에서보다는 국가가 운영하는 고아원에서 더 잘 살 수 있었고요. 테레즈의 많은 가족들이 나에게 의존하고 있었으므로 나는 경제적으로 어려운 상태에 있었습니다. 자기 어머니가 무엇을 요구하면 테레즈는 투덜대면서도 복종했습니다. 아이들을 고아원에 맡긴 나는 비정한 아버지가 아니라 불행한 아버지였을 뿐입니다. 나는 모든 것을 따져본 뒤에 아이들에 대해서 가장 좋은 길, 또는 내가 가장 좋다고 믿는 길을 택한 것입니다. 나를 비난하는 어떤 귀족부인에게 나는 이렇게 말한 적이 있습니다. "당신이 소속되어 있는 신분, 바로 부자들이 나의 아이들을 위한 빵을 훔치고 있습니다."

루소 선생님의 심정을 잘 이해할 수 있습니다. 너무 흥분하지 마세요. 선생님은 선생님의 울분을 훗날 「인간 불평등 기원론」에서 논리적으로 잘 개진한 것 같습니다. 분위기를 바꾸는 의미에서 칸트 선생님에게 질문하겠습니다. 선생님의 철학 형성에 두 선생님의 저술이 미친 영향은 무엇입니까?

칸트: 솔직히 말해서 볼테르 선생님의 책보다는 루소 선생님의 책들이 더 많은 영향을 미쳤습니다. 루소 선생님의 책 가운데서도 교육소설 『에밀』이 가장 감동적이었지요. 나는 매일 규칙적인 일과를 정해놓고 기계처럼 정확하게 실행하는 사람이었습니다. 주위 사람들은 내가 산책 나가는 것을 보고 시계바늘을 맞추기도 했지요. 그런데 『에밀』에 얼마나 빠졌는지 그 책을 읽으면서 나는 산책 가는 것도 잊어버렸습니다. 내 일생에서 흔한 일이 아니었지요. 나는 이 책을 읽으면서 인간의 존엄성 문제를 생각했습니다. 그 이전까지 나는 무식한 사람들을 경멸의 눈초리로 바라보았습니다. 그러나 이 책을 읽고 난 후 나는 평범하고 소박한 인간이 중심이 되는 민주적인 사회에서만 인간의 존엄성이 유지될 수 있다는 사실을 깨달았습니다. 한마디로 루소 선생님으로부터 인간을 존중하는 법을 배운 거예요. 나는 루소 선생님의 초상화를 서재에 걸어놓기까지 했습니다.

볼테르 선생님의 칼라스 이야기는 신문을 통해 알았습니다. 그야말로 행동하는 철학자이셨지요. 또한 나는 볼테르 선생님의 『철학서간』을 읽고 영국의 철학, 특히 로크에 관해서 관심을 갖게 되었습니다. 볼테르 선생님의 『관용론』은 훗날 종교 문제를 연구하는 데 많

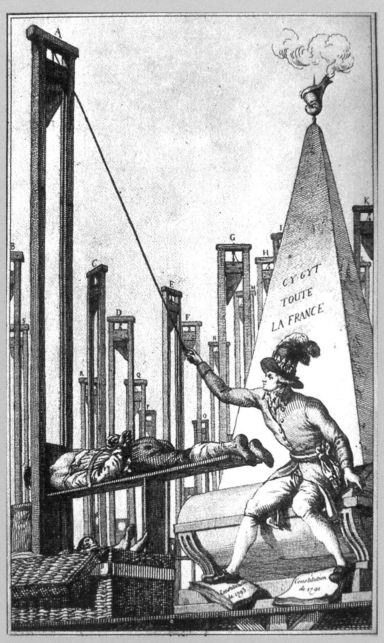

단두대에서 처형당한 로베스피에르의 모습을 풍자한 그림

은 도움을 주었습니다.

루소 선생님을 마지막으로 방문했던 로베스피에르에 대해 칸트 선생님께서 간단히 설명해주시기 바랍니다.

칸트: 프랑스혁명 와중에 자코뱅주의자들의 지도자가 된 로베스피에르는 혁명의 선구자로서 루소 선생님의 업적을 높이 평가했습니다. 로베스피에르는 루소 선생님을 자신의 스승이라고 자랑스럽게 불렀는데요. 로베스피에르는 루소 선생님으로부터 인민 주권의 이념, 정치적·사회적 평등의 이념을 물려받았고, 혁명기에 그 이념을 실천적으로 실현하려고 노력했습니다. 그러나 불행하게도 그의 시도는 실패했고, 결국 단두대의 이슬로 사라졌지요.

이것으로 첫째 날의 일정인 제1부를 마치고 점심을 드신 후 오후에는 볼테르 선생님의 연극과 루소 선생님의 가극을 감상하겠습니다. 공연을 위해 멀리서 와주신 프랑스 국립연극단 및 오페라단 단원들에게 감사드립니다.

Intermission

●・・・

지금부터 이 철학 포럼을 축하하는 공연을 시작하겠습니다. 볼테르와 루소 선생님의 작품이 차례로 펼쳐질 텐데요. 공연에 앞서 꽃다발 증정과 축시 낭독이 있겠습니다. 꽃다발은 '동학혁명 기념 사업회'에서 볼테르 선생님에게, '한·불 친선협회'에서 루소 선생님에게, '한·독 친선협회'에서 칸트 선생님에게 각각 증정하겠습니다.

(꽃다발 증정, 일동 박수)

먼저 광주를 대표하는 민중시인 김남주 님의 「조국은 하나다」 낭송을 듣고 공연을 시작하겠습니다.

(김남주 시인 등장하여 시 낭송)

축시 낭독_조국은 하나다

"조국은 하나다"
이것이 나의 슬로건이다

꿈속에서가 아니라 이제는 생시에
남 모르게가 아니라 이제는 공공연하게
"조국은 하나다"
권력의 눈앞에서
양키 점령군의 총구 앞에서
자본가 개들의 이빨 앞에서
"조국은 하나다"
이것이 나의 슬로건이다

나는 이제 쓰리라
사람들이 오가는 모든 길 위에
조국은 하나다라고

오르막길 위에도 내리막길 위에도 쓰리라

사나운 파도의 뱃길 위에도 쓰고

바위로 험한 산길 위에도 쓰리라

밤길 위에도 쓰고 새벽길 위에도 쓰고

끊어진 남과 북의 철길 위에도 쓰리라

조국은 하나다라고

나는 이제 쓰리라

인간의 눈이 닿는 모든 사물 위에

조국은 하나다라고

눈을 뜨면 아침에 맨 처음 보게 되는 천정 위에 쓰리라

만인의 입으로 들어오는 밥 위에 쓰리라

쌀밥 위에도 보리밥 위에도 쓰리라

나는 또한 쓰리라

인간이 쓰는 모든 말 위에

조국은 하나다라고

탄생의 말 응아 위에 쓰리라 갓난아기가

어머니로부터 배우는 최초의 말 위에 쓰리라

저주의 말 위선의 말 공갈협박의 말…

신과 부자들의 말 위에도 쓰리라

악마가 남긴 최후의 유언장 위에도 쓰리라

조국은 하나다라고

나는 또한 쓰리라

인간이 세워 놓은 모든 벽 위에

조국은 하나다라고

남인지 북인지 분간 못하는 바보의 벽 위에

남도 아니고 북도 아니고

좌충우돌하다가 내빼는 망명의 벽 위에

자기기만이고 자기환상일 뿐

있지도 않는 제3의 벽 위에

체념의 벽 의문의 벽 거부의 벽 위에 쓰리라

조국은 하나다라고

순사들이 순라를 돌고

도둑이 넘다 떨어져 죽은 부자들의 담 위에도 쓰리라

실바람만 불어도 넘어지는 가난의 벽 위에도 쓰리라

가난의 벽과 부의 벽 사이를 왔다 갔다 하면서

갈보질도 좀 하고 뚜쟁이질도 좀 하고

그래 돈도 좀 벌고 그래 이름 좀 팔리는 중도좌파의 벽 위에도 쓰리라

조국은 하나다라고

나는 또한 쓰리라

노동과 투쟁의 손이 미치는 모든 연장 위에

조국은 하나다라고

목을 베기에 안성맞춤인 ㄱ자형의 낫 위에 쓰리라

등을 찍어 내리기에 안성맞춤인 곡괭이 위에 쓰리라

배를 쑤시기에 안성맞춤인 죽창 위에 쓰리라
마빡을 까기에 안성맞춤인 도끼 위에 쓰리라
아메리카 카우보이와 자본가의 국경인 삼팔선 위에도 쓰리라
조국은 하나다라고

대문짝만 하게 손바닥만 한 종이 위에도 쓰리라
조국은 하나다라고
오색종이 위에도 쓰리라 축복처럼
만인의 머리 위에 내리는 눈송이 위에도 쓰리라
조국은 하나다라고
바다에 가서도 쓰리라 모래 위에
파도가 와서 지워버리면 나는
산에 가서 쓰리라 바위 위에
세월이 와서 긁어버리면 나는
수를 놓으리라 가슴에 내 가슴에
아무리 사나운 자연의 폭력도
아무리 사나운 인간의 폭력도
지워버릴 수 없게 긁어버릴 수 없게
가슴에 내 가슴에 수를 놓으리라
누이의 붉은 마음의 실로
조국은 하나다라고

그리고 나는 내걸리라 마침내

지상에 깃대를 세워 하늘에 내걸리라

나의 슬로건 "조국은 하나다"를

키가 장대 같다는 양키들의 손가락 끝도

언제고 끝내는 부자들의 편이었다는 신의 입김도

감히 범접을 못하는 하늘 높이에

최후의 깃발처럼 내걸리라

자유를 사랑하고 민족의 해방을 꿈꾸는

식민지 모든 인민이 우러러 볼 수 있도록

겨레의 슬로건 "조국은 하나다"를!

(청중 우레 같은 박수)

첫 번째 공연_볼테르의 비극「오이디푸스」

그리스의 희곡작가 소포클레스의 비극「오이디푸스 왕」을 원형으로 하여 그것을 모방하거나 개조한 희곡이 오늘날까지 많이 창작되었다. 예언자에 의해 친부를 살해할 운명을 갖고 태어난 오이디푸스는 아버지에 의해 버려졌지만 인정 많은 신하들에게 구출된 후 낯선 사람의 손에서 자란다. 성인이 되어 여행을 하다가 우연히 아버지를 만나고 아버지인 줄 무르는 두 사람 사이에 다툼이 벌어져 아들은 아버지를 살해한다. 나중에 역시 어머니인 줄 모르고 만난 여자와 결혼하고 아이를 낳는다. 예언자를 만나 그 비밀이 알려지자 어머니는 자살하고 오이디푸스는 스스로 눈알을 빼고 봉사가 된 후 떠돌아다니다 비참한 최후를 맞는다는 것이 원형의 이야기다.

이 비극에는 인간이 어쩔 수 없는 운명의 장난에 의해 놀아나는 비참한 존재라는 의미가 담겨 있다. 볼테르는 이 소포클레스의 비극을 단순하게 모방한 것이 아니라 거기에 계몽정신이라는 새로운 의미를 부여했다. 작품의 소재 때문에 공연이 어려웠으나 훗날 볼테르의 애인이 된 에밀의 아버지 부르퇴이 백작의 도움으로 이 작품이 가까스로 무대에 올려진다. 물론 볼테르는 작품 내용을 더 온화하게 수정했다.

어렵게 공연된 이 작품은 그러나 커다란 성공을 거두었다. 극장의 특등석에 앉아 관람하던 볼테르의 아버지도 박수갈채가 터질 때마다 "아, 이 녀석이! 이 녀석이!"라고 중얼거리며 기뻐했다고 한다. 이 작품은 연속 45회나 공연되었고 인쇄된 대본을 받은 루소도 칭찬을 아끼지 않았으며 이 책을 친구들에게 소개했다.

볼테르의 전기를 쓴 콩도르세(Condorcet)는 이 희곡의 중심 사상을 다음과 같이 요약했다. "오늘날의 신부들은 민중이 생각하고 있는 그런 신부들이 아니며, 사람들의 경솔한 믿음이 그들의 전 지혜를 만들어준다."(4막 1장) 대본에도 들어 있는 이 말은 종교가 성직자들의 교묘한 거짓말에 속아 넘어가는 우매한 민중 때문에 존재하게 된다는 계몽 철학 시대의 종교 비판을 요약한 것이다. 볼테르는 소포클레스의 비극에 등장하는 예언자를 당시의 성직자와 비교하고 이들의 지혜가 일종의 속임수인데 순박한 민중들의 믿음 때문에 그것이 지혜로 간주되며 그 결과로 커다란 비극이 발생하게 된다는 사실을 암시했다. 희곡에 들어 있는 다음과 같은 대사도 볼테르의 계몽주의 사상을 엿볼 수 있게 해준다. "신탁이 우리를 속이고 있다."(3막 4장) "맹목적인 신앙에 빠진 백성들은 신앙의 굴레를 열심히 숭배하는 바보들이다."(3막 5장)

장님이 된 오이디푸스가 신에게 아이들의
장래를 맡아달라고 빌고 있다(가녜로 베니네 작).

두 번째 공연_루소의 가극 「마을의 점쟁이」

이 가극은 루소의 가장 성공한 작품이다. 루소는 음악 이론가 및 작곡가로서 뛰어난 재능을 발휘했다. 그는 일찍이 「사랑의 뮤즈들」이라는 영웅 희가극을 창작했으나 당시 파리를 주름잡던 음악의 대가 라모의 개입으로 공연이 성사되지 못했다. 대신 루소는 볼테르가 대본을 쓰고 라모가 작곡한 음악 축제극 「나바라의 공주」를 개작하는 작업을 맡았다. 「라미로의 축제」라는 이름으로 개작된 이 음악 축제극은 베르사유 극장에서 공연되어 관객들의 갈채를 받았지만 루소의 이름은 언급되지 않았다. 루소는 낙담했으나 음악에 대한 미련을 버리지 않았고 「학문예술론」으로 유명해지자 1752년에 가극 「마을의 점쟁이」를 작곡하여 왕과 귀족들이 참석한 궁정극장에서 상연하는 행운을 얻었다. 단 세 사람만 등장하는 이 작품은 사랑에 빠졌으나 난관에 부딪힌 한 쌍의 목동이 예언자인 마을 점쟁이의 도움으로 사랑을 성취하는 이야기를 담아낸 경쾌한 목가극이다. 그러나 루소는 면도도 하지 않고 남루한 옷을 입고 관람석 한쪽에 앉아 있었다. 귀족사회를 싫어한 그의 성격 때문이다. 공연은 대단한 성공을 거두었고 공연을 관람한 루소는 국왕을 알현하여 자신을 소개하라는 명령을 전달받았다. 국왕은 그에게 연금까지 지불할 생각을 갖고 있었으나 루소는 알현을 거부했다. 남에게 의존하여 살기 싫었기 때문이다. 루소는 이 가극의 상연으로 얻은 수입을 근거로 무난한 생활을 하면서 다음 논문인 「인간 불편등 기원론」을 준비해나갔다.

루소는 『고백록』에서 다음과 같이 말한다. "「마을의 점쟁이」는 나를 완전히 인기인으로 만들었다. 그 결과 파리에서 나만큼 인기 있는 사람은 없게 되었다."

제2부

철학자, 사상을 논하다

영국 철학_중세 철학에 종지부를 고하다

여러분, 모두 안녕히 주무셨습니까? 이 고장의 맛있는 음식과 유명한 특산물인 무등산 수박도 많이 드셨지요? 지금부터 둘째 날의 일정을 시작하겠습니다. 오늘의 토론 주제는 두 선생님의 사상에 관한 것인데요. 먼저 볼테르 선생님께서 자신의 저술인 『철학서간』에 관하여 간단하게 소개해주시기 바랍니다.

볼테르: 이 책의 성립 과정은 앞에서 말했으므로 내용에 대해서만 말씀드리겠습니다. 이 책은 『영국서간』이라고도 불립니다. 내가 영국에 체류하던 3년 동안의 체험을 편지 형식으로 기술했기 때문인데요. 총 25신(信)으로 구성되어 있는데, 주제는 크게 네 가지로 구분할 수 있습니다. 첫 번째 주제는 종교, 두 번째 주제는 정치와 문화, 세 번째 주제는 철학과 과학, 네 번째 주제는 문학과 예술입니다.

선생님의 책을 통해서 영국의 철학이 프랑스와 독일에 알려지게 되었습니다. 근세 철학에 미친 영국 철학의 장·단점은 무엇이라 생각합니까?

볼테르: 베이컨(Bacon)에서 시작하여 로크(Locke)*에 이르는 영국의 경험 철학은 철학이 진부한 스콜라 철학**의 굴레에서 벗어나게 하는 데 기여했습니다. 특히 내가 높이 평가했던 베이컨, 로크, 뉴턴의 철학은 종교적 독단과 공허한 논쟁을 벗어나 과학으로 눈을 돌리게 하는 데 많은 도움을 주었지요. 나는 "로크보다 더 현명하고 더 방법론적인 인물이나 더 정확한 논리가는 아마도 없을 것이다"라고 말했습니다.

프랜시스 베이컨　　　　　존 로크　　　　　조지 버클리

---

* 　로크(John Locke, 1632~1704)는 영국의 철학자이자 정치 사상가다. 경험주의의 입장을 확립했고, 그의 『인간 오성론』은 근대 인식론의 기초를 이루었다. 사회계약설, 3권 분립을 바탕으로 의회제, 민주주의 사상의 발전에 크게 공헌했으며 저서로 『관용론』, 『교육론』 등이 있다.

** 　8세기부터 17세기까지 중세 유럽에서 이루어진 신학 중심의 철학을 이르는 말. 가톨릭교회의 부속학교에서 교회 교리의 학문적 근거를 체계적으로 확립하기 위하여 이루어진 기독교 변증(辨證)의 철학으로, 고대 철학의 전통적 권위에 의존하여 주로 아리스토텔레스 및 플라톤의 철학을 원용하여 학문의 체계를 세우려 하였는데 토마스 아퀴나스가 이를 집대성했다. 내용이 형식적이고 까다로운 것이 특징이다.

그러나 버클리(Berkeley)*에서 시작하여 흄(Hume)**에 이르는 후기 경험론 철학은 회의주의***를 조장하고 봉건주의의 이념적 지주였던 종교를 뒷문으로 들여놓는 오류를 범했습니다. 객관적 진리를 부정하는 버클리나 흄의 회의론적인 상대주의는 주관적 관념론으로서 훗날 실증주의,**** 현상학,***** 실용주의,****** 분석 철학******* 등 부르주아 철학의 근원이 되었는데요. 볼테르 선생님은 영국 철학이 인류의 철학 발전에 미칠 부정적인 영향을 예감하셨나요?

볼테르: 나는 당시만 해도 유물론 철학과 관념론 철학에 대한 확실한 인식을 갖고 있지 않았기에 그런 점까지는 예상하지 못했습니다. 다만 신학과 결부된 철학이 아니라 과학과 결부된 철학의 장점만을 보았지요.

---

*   버클리(George Berkeley, 1685~1753)는 영국의 철학자이자 성직자로 활동했다. 경험주의적 인식론에서 출발하여 극단적인 관념론을 주장했는데 저서로 『인간 지식의 원리』가 있다.

**   흄(David Hume, 1711~1776)은 영국의 철학자이자 역사가다. 로크의 경험론적 인식론을 계승하여 철저한 경험론의 입장에서 종래의 형이상학을 적극 비판했다. 실체나 인과 따위의 관념은 심리적 연상(聯想)에 불과하다고 보았으며 역사가로서는 계몽주의의 입장을 취했다. 저서에 『인간 오성론』, 『영국사』 등이 있다.

***   인간의 인식이 주관적이며 상대적이라고 보고 진리의 절대성을 의심하며 궁극적인 판단을 하지 않으려는 태도 및 사조를 말한다.

****   모든 초월적인 사변(思辨)을 배격하고 관찰이나 실험으로써 검증할 수 있는 지식만을 인정하려는 철학적 태도를 일컫는다.

*****   칸트 철학에서는 경험적 현상을 다루는 학문을 본체와 본질에 관한 연구에 상대하여 이르는 말이고, 헤겔 철학에서는 감각적 직관으로부터 절대적 인식에 이르는 정신의 발전 과정을 고찰하는 학문을 뜻한다. 후설의 철학에서는 의식에 직접적으로 부여되는 현상의 구조를 분석하여 기술하는 학문으로 정의된다.

******   19세기 후반 이후 미국을 중심으로 실제 결과가 진리를 판단하는 기준이라고 주장하는 철학 사상. 행동을 중시하며 사고나 관념의 진리성은 실험적인 검증을 통하여 객관적으로 타당한 것이어야 한다는 주장이다. 제임스, 듀이 등이 대표자이다.

*******   과학과 일상적 언어의 여러 개념이나 명제를 분석하고, 그 의미를 밝히는 것을 목적으로 삼는 철학을 통틀어 이르는 말이다. 현대 영미(英美) 철학의 주류를 이루는 것으로 기호나 언어의 분석을 통하여 인식의 참과 거짓 또는 그 의미를 비판하려는 학문이다.

흄의 철학이 독단주의로부터 벗어날 수 있는 계기를 만들어주었다고 말씀하신 칸트 선생님의 생각은 어떠합니까?

칸트: 확고부동한 진리가 선험적으로 주어져 있다고 가정하고 그것을 찾아가려는 대륙의 합리론 철학은 구체적인 진리의 탐구에 소홀했습니다. 그런 의미에서 절대적인 진리의 가능성을 부정하는 흄의 주장은 시사하는 바가 많습니다. 그렇다고 하여 내가 흄이 내세우는 상대주의, 회의주의, 불가지론을 긍정하는 것은 아닙니다. 나는 인간이 진리를 획득해가는 인식의 과정에 선험성과 경험성이 맞물려 있으며 보편적인 지식이 가능하다고 생각합니다. 그것을 해명하는 일이 나의 저술 『순수이성비판』의 과제였습니다.

데이비드 흄

일반적인 철학사에서는 칸트 선생님의 철학적 공적이 영국의 경험론과 대륙의 합리론을 종합·지양하여 새로운 인식론을 제시하는 데 있다고 서술되는데요. 선생님은 이러한 주장에 만족합니까?

칸트: 매우 호의적인 주장입니다만 동의할 수 없습니다. 이러한 주장은 훗날 이른바 신칸트학파가 날조해낸 것으로 나의 철학을 인식론에 국한시켜 해석하려 한 것입니다. 나는 물론 인식론에 주력했습니다만 그것이 전부가 아니었어요. 나는 도덕론, 미학, 역사 철학, 세계

1781년판 칸트의 『순수이성비판』

평화론 등에서 계몽주의적인 이성의 실현을 추구했습니다. 다시 말하면 봉건사회로부터 이성적인 시민사회로 나아가는 방향을 제시한 거예요. 나의 철학은 시민사회의 실현이라는 총체적인 범주 안에서 이해되어야 합니다. 실증주의의 영향을 받은 신칸트주의자들이 "칸트로 돌아가자!"라는 구호를 내걸고 나를 구출하려 들었지만, 그것은 구출이 아니고 오히려 왜곡이었습니다. 나의 철학에 깃들어 있는 유물론적 요소를 완전히 제거하면서 이성적인 사회를 실현하려는 나의 철학을 인식론으로 후퇴시켰기 때문이에요. 인식론은 목표가 아니라 출발점에 불과했습니다.

선생님이 강조하는 이성은 중세의 스콜라 철학에서도 거론되지 않았습니까?

칸트: 물론입니다. 중세 철학에서는 그러나 인간의 이성을 신이 부여한 선물로 해석했기 때문에 수동적이었고, 게다가 사회를 비판하는 능력마저 상실했지요. 세계와 신의 중간에 위치한 인간이 완전한 자율성을 지닐 수 없는 것과 비슷합니다. 그에 비해 근세에 나타난 계몽적인 이성은 완전히 자율적이며 인간, 자연, 사회, 종교 등을 가차 없이 비판하는 능동적인 무기가 되었습니다.

그러나 선생님의 철학을 비롯한 계몽 철학이 내세우는 보편적인 이성도 인간에 의한 인간의 착취를 종결시키는 '보편적인 이성'이 아니라 정권을 획득하고 민중을 착취하는 데 도움을 주는 일종의 '부르주아적 이성'이라는 비판도 훗날 나타났잖아요?

칸트: 역사가 발전하는 와중에 그런 비판이 나타났겠지만 당시의 상황에서는 가장 민주적이고 진보적인 사회 변혁을 주도한 보편적인 이성이었음에 틀림없습니다.

루소: 나는 『철학서간』에 들어 있는 천연두에 관한 이야기를 가장 재미있게 읽었습니다. 내가 평소에 병이 많았고 내가 좋아했던 우도트 부인이 마마자국을 갖고 있었기 때문에 그랬는지도 모르지요. 볼테르 선생님이 이 같은 저술을 하게 된 계기는 무엇입니까?

볼테르: 나는 프랑스인이어서 그런지 순수 철학을 좋아하지 않아요. 철학이 인간의 행복을 증진하는 데 도움을 줄 수 있는 실천적인 무기가 되어야 한다고 늘 생각합니다. 내가 『철학서간』 11신에서 천연두 접종을 소개한 것은 바로 그런 이유에서입니다. 당시 기독교적인 철학으로 물든 유럽인들은 아이들에게 천연두에 걸리지 않기 위해 접종하는 영국인들을 미친 사람들이라고 비웃었습니다. 사랑하는 아이들에게 병균을 집어넣는다고 생각했으니까요. 병은 악마와 연관되기 때문에 신성한 기독교인들이 할 짓이 아니라는 것입니다. 천연두 예방접종은 이슬람교도가 주도하는 시르카시아에서 시작되었습니다. 그 동기는 모성애와 돈벌이였어요. 아이들을 사랑하는 부모의 마음, 딸들을 미녀로 키워 하렘(유흥가)에 보내 돈을 벌 수 있다는 희망이 동기로 작용한 거죠. 시르카시아인들은 천연두에 한 번 걸린 아

The Cow-Pock _ or _ the Wonderful Effects of the New Inoculation ! _ Vide. the Publications of ŷ Anti-Vaccine Society

에드워드 제너의 종두법을 둘러싼 논란을 보여주는 1802년 만화.
우두를 이용한 종두 백신 때문에 환자들이 소로 변하는 모습을 묘사했다.

이는 두 번 다시 걸리지 않는다는 사실을 발견했습니다. 그리고 접종을 시도했어요. 그러니까 종교와는 아무런 상관이 없는 자연관찰을 통해서 예방법을 알아낸 것입니다. 영국인들도 재빨리 예방법을 받아들였는데 프랑스인들은 주저하고 있었지요. 중국에서는 이미 100년 전에 이 예방법을 사용했다는 기록이 있습니다.

칸트: 나는 이 책에 들어 있는 뉴턴에 관한 글들을 재미있게 읽었으며 나중에 나온 선생님의 『뉴턴 철학의 기초』도 나의 철학에 매우 유익한 자료가 되었습니다. 천체에 관한 나의 초기 저술은 선생님의 저술로부터 많은 도움을 받았습니다. 물리학자인 뉴턴을 철학자로 높이 평가한 이유는 무엇입니까?

볼테르: 뉴턴이 천체를 연구하면서 천체운동으로부터 신비를 제거했기 때문입니다. 많은 사람들은 우주의 신비에 부딪혀 놀라움과 함께 신의 세계로 도피했습니다. 그러나 뉴턴은 오히려 신비를 파헤치고 제쳐갔어요. 남은 것은 근원적인 물질이었습니다. 그는 물질의 공간성과 함께 운동성을 중시했습니다. 칸트 선생도 근원적인 물질로부터 세계가 형성되는 과정을 설명하려 했지요? 물론 당시의 상황을 고려하여 뉴턴은 무신론자로 자처하지도 않고 우주에 신이 들어설 여지를 남겨놓았지만 말입니다. 그러나 그는 전통적인 의미의 유신론자가 아니었으며 세계를 과학적으로 해명하는 데 더 중점을 두었습니다. 뉴턴은 역학, 광학, 수학 등의 연구에서 철저하게 자연과학적인 방법을 적용했습니다. 그리고 그것을 인간의 삶에 유용한 근본원리

『뉴턴 철학의 기초』권두화.
볼테르의 후원자였던 에밀을 볼테르에게 영감을 주는 뮤즈로 묘사했다. 에밀이 커다란 거울을 들고 뉴튼의 통찰을 볼테르에게 되비쳐주고 있다.

가 되게 했습니다. 그는 자연 철학자이고 실용 철학자였습니다. 뉴턴의 연구는 자연과학적인 세계관의 기초가 되었습니다.

선생님은 영국에서 로크와 뉴턴을 직접 만나보았습니까?

볼테르: 직접 만나지는 못했습니다. 내가 런던에 도착했을 때 로크는 이미 사망했고 뉴턴은 병중에 있었습니다. 그 뒤 얼마 안 있어 뉴턴이 사망했는데 나는 뉴턴의 장례식을 목격하고 놀랐습니다. 그 감동적인 장면을 『철학서간』에 적었지요. 총리를 비롯한 고위 인사와 귀족들이 그의 유해를 웨스트민스터 사원으로 옮겨갔고 모든 런던 시민이 함께 뉴턴의 죽음을 애도하는 것 같았습니다. 군인이나 정치가보다도 과학자나 철학자를 더 존중하는 사회는 발전된 사회이며 그런 의미에서 당시 영국은 모범을 보인 거예요.

『철학서간』과 함께 『철학사전』도 볼테르 선생님의 주요한 철학 저술에 속합니다. 몰랑이 펴낸 선생님의 전집에는 『철학사전』이 4권의 방대한 분량으로 포함되어 있습니다. 이 사전은 물론 알파벳순으로 배열된 지식 전달의 묶음이 아니라 종래의 편견을 비판하고 독자들에게 새로운 지식을 전달하려는 계몽적인 교과서였어요. 어떤 항목을 해설하는 경우에도 유물론자와 관념론자, 무신론자와 유신론자, 진보적인 사람과 보수적인 사람의 설명 방식에는 큰 차이가 납니다. 경우에 따라서는 상반된 설명이 나타날 수도 있지요. 저는 종래의 철학자들에 관한 선생님의 설명을 주의 깊게 살펴보았는데 앞에서 말씀하신 것처럼 영국의 과학적인 철학이 계몽정신을 이끌어 가는 데 중요한 역할을 했다는 것을 잘 이해했습니다. 그러나 선생님은 프랑스 철학자이며 근세의 합리적 이성의 기초를 세운 데카르트(Descartes)*에 관해서 여러 가지로 비판했습니다. 제가 알기로는 27가지인데요. 납득이 잘 되지 않으니 이에 대해서 말씀해주세요.

볼테르: 사회자가 꼼꼼히 살펴보았군요. 나는 『철학서간』에서도 데카르트와 뉴턴을 비교했습니다. 내가 데카르트를 비판한 가장 큰 이유는 종래의 신학과 철학들이 그의 철학을 오용했기 때문입니다. 다시 말하면 세상에는 변하지 않는 절대적인 진리가 있다고 생각하며 그것을 신이나 봉건질서와 연관시키기 때문이에요. 데카르트의 철학에는 장점과 함께 단점도 많습니다. 나는 그것을 『철학사전』에서 파헤쳤어요. 어떤 사람들은 그것이 영국을 추켜세우고 조국인 프랑스를 비하하는 결과를 가져왔다고 비난합니다만, 나는 인류를 위해서 철학을 하는 사람이지 프랑스에 갇힌 사람이 아닙니다. 더군다나 그것은 프랑스의 사회적 변화를 위한 중요한 시대적인 문제이기도 했습니다. 예컨대 데카르트의 철학이 지니는 오류는 감각적 인식론을 경시한 것입니다. 그것은 결국 칸트 선생이 말한 것처럼 편견의 꿈을 벗어날 수 없게 합니다. 또 데카르트는 물심이원론을 주장하면서 인간을 육

---

* 　데카르트(René Descartes, 1596~1650)는 프랑스의 수학자이자 철학자다. 근대 철학의 아버지라 불리며, 해석 기하학의 창시자로 간주된다. 그는 모든 것을 회의한 다음, 이처럼 회의하고 있는 자기 존재는 명석하고 분명한 진리라고 보고, "나는 생각한다. 고로 나는 존재한다"라는 명제를 자신의 철학적 기초로 삼았다. 저서에 『방법서설』, 『성찰(省察)』, 『철학 원리』 등이 있다.

체와 정신으로 양분하는데, 그것은 신과 영혼의 불멸과 내세를 가정하는 신학에 도움을 주었습니다. 환경의 영향과 교육을 통해 인간성이 개조될 수 있다는 계몽정신과 정면으로 배치되지요. 인간의 도덕도 시대에 따라서 변하며 인간에게 절대적인 자유의지란 불가능합니다. 물론 이성적으로 세계를 파악하고 변화시켜야 한다는 계몽정신에 데카르트의 철학이 완전히 배치되지는 않지만, 경험론적인 인식론으로 보충될 때만 참다운 계몽이 가능하다는 것을 내가 강조한 것입니다.

일반적으로 영국의 경험론과 대륙의 합리론이 상반되는 것으로 해석됩니다. 이 두 철학이 근세 계몽사상과 연관하여 어떤 역할을 했는지 칸트 선생님께서 설명해주시면 좋겠습니다.

칸트: 베이컨에서 시작하여 헤겔에 이르는 서양 근세 철학은 다 같이 자연과 사회를 지배할 수 있는 비판적인 이성의 자율성을 규명하고 확립하려는 목표를 지닙니다. 그러므로 경험론과 합리론이 그 형식에서 다소 차이가 날지라도 목표에서는 일치했지요. 영국 경험론의 선구자인 베이컨과 합리론의 선구자인 데카르트는 다 같이 자연과 사회를 인간의 자율적인 이성으로 파악하고 재구성할 수 있다는 신념을 갖고 있었습니다. 베이컨을 이은 영국의 경험론, 프랑스의 합리론과 그것을 잇는 유물론은 다 같이 지상의 현실에 중점을 두고 전통적인 사고방식에 비판을 가하는 철학이었으며 인간 개인의 자율성을 강조하면서 자유와 평등을 지향하는 철학이었습니다. 그러나

사회와 역사의 발전은 동일하지 않으며 사회적 배경, 다시 말하면 경제적·정치적 배경에 다라 철학의 모습도 달라집니다. 앞에서 이미 언급한 것처럼 영국은 시민혁명을 완수했고 그에 따라 주도권을 쟁취한 시민계급은 주어진 현실에 적응하면서 그것을 개선하려 했습니다. 그러므로 사회를 혁명적으로 변혁하려는 보편적인 이성보다는 사회를 개혁하려는 타협적인 오성을 필요로 한 것이지요. 그 때문에 후기 경험론의 불가지론과 회의론이 나타났고요. 이에 반해 프랑스 사회는 혁명을 목전에 두고 있었습니다. 그러므로 혁명에 필요한 보편적이고 유물론적인 이성이 필요했으며 독일에서도 상황은 비슷했습니다. 독일 철학이 경험론과 합리론을 다 같이 수용했지만 결국 나의 후계자인 피히테나 헤겔에서처럼 보편적 이성을 강조하게 된 것은 사회의 혁명적 개혁과 맞물렸기 때문입니다.

르네 데카르트

게오르크 빌헬름
프리드리히 헤겔

그렇다면 영국의 경험론을 이어받은 현대의 실증주의 철학도 비슷한 관점에서 이해해야 될까요?

칸트: 그렇습니다. 현실의 변혁보다도 현실과의 타협에 더 비중을 두는, 전체적인 이성보다도 지엽적인 분석에 초점을 맞추는 철학이 실증

요한 고틀리프 피히테.
나폴레옹에게 맞선 자유의지의 수호자로서 피히테를 강조한 캐리커처다.

주의라는 모습으로 등장했습니다.

볼테르 선생님은 영국에 도착하여 자유사상가인 볼링브로크 (Bolingbroke)*와 친하게 지내면서 그의 이신론을 높이 평가했습니다. 이 신론에 관해서 좀 더 자세히 설명해주시겠어요?

볼테르: 기독교적 전통이 강한 서구에서 무신론자들은 스스로를 무신 론자라 부르지 않고 '자유사상가'라 불렀습니다. '자유사상가(free-thinker)'라는 말은 17세기 말에 영국에서 생긴 것입니다. 교회의 독단 적인 교리와 권위를 벗어나 자유롭게 생각한다는 의미에서 나온 말 이지요. 이들은 로크의 감각주의적인 인식론과 뉴턴의 물리학으로 부터 많은 영향을 받았습니다. 초기의 계몽주의자들은 '이신론자', '자유사상가', '자연주의자', '범신론자' 등의 이름으로 등장했습니다. 이들은 다 같이 계시종교를 부정하면서도 철저한 무신론을 표방할 수 없는, 무신론으로 넘어가는 일종의 과도적인 단계를 나타냈습니 다. 이들은 종교와 연관하여 (1)자연종교를 옹호했고 (2)원시기독교의 이념을 인정했으며 (3)감각주의적인 인식론을 수용했습니다. 이들은 신의 창조를 인정하면서도 원죄, 계시, 기적 같은 것을 인정하지 않 았습니다. 이들은 신을 인격적인 개념이 박탈된 자연의 최종 원인과

---

* 볼링브로크(Henry St. John, 1st Viscount Bolingbroke, 1678~1751)는 영국의 정치가로서 1714년 앤 여왕이 죽자 프랑스로 도망쳐서 왕위를 멋대로 자칭한 제임스 프랜시스 에드워드 스튜어트를 섬 겼다.

같은 추상적인 원리로 이해했어요. 영국의 이신론(理神論, Deismus)*은 자유사상가의 철학적인 발판이 되었습니다. 이신론자들은 이성적으로 규명될 수 있는 한에서만 성서를 신뢰하며, 신은 세계를 이성적으로 창조한 후에 거기에 전혀 관여하지 않기 때문에 세계 자체의 변화법칙을 이성적으로 찾아내야 된다는 입장입니다.

볼링브로크는 보수적인 귀족이었지만 정치나 사회 문제에 많은 관심을 가졌습니다. 그는 하원의원을 지낸 아버지에게 교육받으면서 성장했고, 옥스퍼드 대학을 졸업한 후 주 의회의 의원으로 선출되었습니다. 영·프전쟁 시기에 전시장관으로 임명되었고 후에 외무부장관을 맡았으며 1712년에는 '경(卿)'의 칭호를 받았지요. 공직에서 물러난 후 프랑스 파리에 머물면서 저술에 전념했는데, 이때 나는 이미 그를 알게 되었고 내가 영국에 머무는 동안 그는 나에게 많은 도움을 주었습니다.

그는 플라톤과 그 추종자들을 순전히 머리가 돈 사상가로 간주했습니다. 통치를 도와주는 한에서 종교의 가치를 인정했을 뿐, 통치자는 종교에 빠지지 않고 그것을 이용할 줄 알아야 한다고 강조했습니다. 자유사상가들의 목표가 인류의 평화와 행복의 증진이라고 말했고요. 그도 종교가 인류 공동의 행복을 지향한다는 사실을 인정하지만 야만적인 이교도가 전쟁을 통해 흘린 피보다 기독교가 이념과 조직을 통해 흘린 피가 더 많다고 지적하면서 이런 행위를 종

---

* 17~18세기 유럽의 계몽주의 시대에 나타난 합리적인 종교관. 신의 존재와 진리의 근거를 인간 이성이 인식할 수 있는 자연적인 것에서 구하는 이론으로, 신을 세계의 창조자로 인정하지만 세상일에 관여하거나 계시나 기적으로 자기를 나타내는 인격적 주재자로서의 신은 부정했다.

교라는 이름으로 변호할 것이 아니라 범죄로 낙인찍어야 한다고 선언했습니다. 그는 사변적인 철학을 반대하고 경험적이며 실천적인 철학을 옹호했습니다. 인간의 허영에 아부하는 철학자와 진리를 추구하는 철학자를 구분하고 종교적인 철학자를 전자에 포함시켰어요. 그는 인간의 이성에 한계를 설정하고 신앙에서 출구를 찾으려는 철학자를 진리를 회피하고 환상을 동경하는 사이비 철학자로 규정했습니다. 그의 주장에 따르면 계몽이란 환상과 초월을 벗어나 자연과 사회를 이성적으로 파악하는 철학입니다. 도덕의 원리도 수학의 원리처럼 자연 안에 그 비밀이 들어 있습니다. 그렇기 때문에 도덕은 사후의 보상이나 처벌을 염두에 두지 않고 현재의 바람직한 공동체 생활에 눈을 돌려야 합니다. 이것이 대강 볼링브로크를 중심으로 하는 이신론자들의 이념입니다. 설명이 너무 장황했군요.

아닙니다, 감사합니다.

학문의 발전_무엇이 인류의 행복을 증진할까?

이제 루소 선생님이 쓰신 「학문예술론」에 관한 토론을 시작하겠습니다. 우선 저자이신 선생께서 이 논문을 쓰게 된 계기와 논문의 주안점을 말해주시기 바랍니다.

루소: 이 논문을 쓸 무렵 나는 파리에서 백과전서파들과 교제하고 있었습니다. 특히 이 학파의 대표적인 인물인 디드로와 가까운 사이였죠. 그런데 디드로가 그의 무신론적인 저술 『맹인에 관한 편지』 때문에 방센 성에 갇혀 있었고 나는 도보로 면회를 가는 길에서 우연히 신문을 펼쳤다가 디종 아카데미에서 "학문과 예술의 발전이 도덕을 순화시켰는가, 퇴화시켰는가?"라는 주제로 현상논문을 모집한다는 기사를 발견했습니다. 마치 계시를 받은 것 같았어요. 나는 흥분 상태에 빠졌습니다. 무수히 역경을 겪으면서 이에 대한 해답이 이미 나의 마음속에 준비되어 있었기 때문입니다. 그렇게 하여 단시일 내에 작성된 나의 논문은 수상작으로 결정되었습니다. 물론 이 논문은

서론, 본론, 결론이 논리정연하게 배열된 학술 논문이 아닙니다. 나는 그런 논문을 쓸 능력도 없고 쓸 생각도 없었습니다. 나의 글은 인생 체험에서 나오는 개인적인 주장이 전부입니다. 이 논문에는 정열과 박력은 있었으나 논리와 체계가 부족했습니다. 나중에 독일 철학자들은 이 형식의 글을 담론이라 칭했지만 그냥 논쟁문이라 해도 무방합니다.

내 글의 요지는 간단합니다. 학문과 예술의 원천은 게으름과 죄악이며 또 거꾸로 게으름과 죄악은 학문 및 예술에 의해서 촉진된다는 것입니다. 학문의 발전이 도덕의 정화나 인류의 행복 증진에 기여했기보다는 오히려 그것을 후퇴시켰다는 것입니다. 구치소에서 현상 논문에 대한 이야기를 들은 디드로는 "모든 사람에게는 맞지 않을 수 있으나 루소에게 맞는 글을 쓰라"라고 나에게 충고했는데 결국 그렇게 되었습니다. 대부분의 사람들은 나와는 반대로 생각할 것입니다. 학문, 예술, 기술 등의 발전은 도덕을 순화시키고 행복을 증가시켜왔다고 생각할 것입니다. 나는 자문했습니다. 그렇게도 많은 사람들의 입에 오르내리는 과학과 문화의 혜택을 어디서 찾을 수 있는가? 과학을 발전시킨 인간이 자연 상태의 인간보다 더 행복하다고 누가 장담할 수 있는가? 문화가 발전된 모든 사회에서 도덕의 퇴폐가 뒤따르고 그것을 힘으로 규제하려는 법률이 발달하는 것으로 미루어 보아 인간은 오히려 문화가 발전되지 않았던 자연 상태에서 더 행복하지 않았을까? 인간은 태어날 때 선하지만 문화에 오염되어 사악해지는 것이 아닐까? 이러한 물음에서 나는 확고하게 문화의 발전이 오히려 인류의 행복을 망쳤다는 결론을 이끌어냈습니다.

인간의 선과 덕과 순수함이 학문과 예술의 발전 때문에 사라졌고 따라서 인간의 행복도 사라졌다는 것, 문화가 번성함에 따라 도덕의 퇴폐화가 수반되었으며, 그것이 결국 국가를 망하게까지 만들었다고 주장하면서 그 예를 아테네의 문화에서 들었습니다. 아테네의 문화가 절정에 도달하면서 그리스는 정치적으로 패망의 길에 들어섰습니다. 문화는 인간을 도덕적으로 타락시킬 뿐만 아니라 본성에 따라 스스로의 가치를 실현할 수 있는 자연스러운 인간의 힘을 박탈함으로써 인간을 소외시킵니다. 문화가 사회적 소산이라면 덕은 인간 본성에서 오는 자연적 소산이므로 서로 대치됩니다. 사회는 인간에게 이기적인 목적을 실현하는 수단으로서 위선과 기만이라는 위장을 강요하는 반면, 덕은 자기 자신을 꾸밈없이 내보일 수 있는 영혼의 힘이며 덕을 통해서 인간은 삶의 안정성과 통일성을 얻는다고 나는 이 논문에서 주장했습니다.

볼테르: 선생의 주장에 정면으로 반대하는 첫 번째 주자가 나인 것 같습니다. 나는 모든 난관과 불행을 겪으면서도 인류는 행복을 향해 나아가고 있으며 그것을 도와준 것이 과학과 학문의 발전이라고 생각합니다. 루소 선생도 책을 읽고 학문을 익히면서 그런 논문을 쓸 수 있는 능력을 얻게 된 것이 아닙니까? 선생은 인류가 학문도 없고 과학도 없는 원시상태로 되돌아가야 행복해질 수 있다고 생각합니까?

루소: 많은 사람들이 그렇게 오해하고 있습니다. 나의 진의는 역사를

되돌리는 것이 아니라 잘못된 역사를 개조하는 것입니다. 과학과 예술 자체를 거부하는 것이 아니라 잘못된 결과를 비판하는 것이지요.

칸트: 그렇다면 과학과 예술의 결과를 잘못되게 만드는 근본 원인이 무엇인지 선생님은 생각해보았습니까?

루소: 물론이지요. 그에 대한 해답을 두 번째 논문인 「인간 불편등 기원론」에서 제시했습니다. 나는 우선 첫 논문에서 인간의 자연스러운 도덕적 덕이 과학과 예술의 근원이 되어야 하며 후자가 전자의 근원이 되어서는 안 된다는 사실을 말했습니다. 학문과 예술의 오용을 통해 더 비참하게 된 인간의 모습을 파헤친 것이지요.

칸트: 루소 선생님의 주장은 과학의 진보에 큰 비중을 두었던 계몽주의 철학의 주장과 어긋난 것 같습니다. 내가 앞에서 말한 것처럼 제3신분에는 자산가들인 대 부르주아지와 수공업에 종사하는 소부르주아지, 농민과 노동자 등이 혼합되어 있었는데 루소 선생님은 제3신분의 하위층을 옹호하는 입장이었습니까?

루소: 맞습니다. 계몽주의 철학은 원래 제3신분의 지식인들이 봉건주의에 대항하기 위해 사용한 무기였습니다. 나는 차츰 제3신분의 상층 부르주아 지식인들과 갈라지게 되었습니다.

이 논문을 둘러싸고 프랑스 사회는 어떤 반응을 보였습니까?

루소: 당연히 양분되었지요. 열렬하게 지지하는 쪽과 비판하는 쪽으로요. 아마 비판하는 쪽이 더 우세했을 겁니다. 볼테르 선생님처럼 진보적이고 낙천적인 학자는 물론 당시 향락을 누리던 제1, 2신분의 사람들마저 모두 비판적인 시각으로 내 주장을 바라보았습니다. 자기들의 기득권이 도전 받는다고 생각했을 테지요.

칸트: 그런데 기득권을 공유하는 디종 아카데미가 왜 선생님의 글을 수상작으로 선정했을까요?

루소: 아마 기발한 아이디어 때문인 것 같습니다. 이런 아이디어가 나오면 많은 사람들이 관심을 갖고 논쟁을 벌일 테니 아카데미에선 그것을 기대했나 봅니다.

루소 선생님이 말한 것처럼 이 문제는 선생님의 다음 논문과 연결됩니다. 이 문제는 다음에 더 다루어보기로 하고 마지막으로 선생님의 신상과 연관된 질문을 하나 드리겠습니다. 많은 백과전서파 학자들 가운데서 선생님은 디드로와 가장 가깝게 지낸 것 같은데요. 특별한 이유라도 있습니까?

루소: 그는 대장장이의 아들로서 나와 출신 성분이 비슷했고 나이도 한 살 아래였습니다. 특히 그의 세련되지 못한 태도와 따뜻한 성격이

내 마음에 들었습니다. 그도 나처럼 아네트란
천박한 여자를 사귀었는데 사귀면서 한 약속에
따라 결혼했습니다. 남아다운 태도였어요. 그는
매우 무신론적이고 유물론적이었는데 그것이
우리의 우정에 큰 장애가 되지는 않았습니다.
우리는 가난하게 살면서 내 것 네 것을 가리지
않았어요. 그가 저술 때문에 구금되었을 때 나
는 정말 미칠 것만 같았습니다. 그를 석방하든
가 아니면 나도 함께 감금시켜달라는 탄원서를
퐁파두르 부인에게 보내기까지 했지요. 한마디
로 그와 나는 민중의 삶을 함께 살았습니다.

드니 디드로

퐁파두르 후작 부인

인간의 불평등_자유냐 소유냐 그것이 문제로다

지금부터 루소 선생님의 두 번째 논문인 「인간 불편등 기원론」에 관한 토론을 시작하겠습니다. 제 개인적인 생각으로는 이 논문에서 루소 선생님은 인류의 미래와 연관하여 가장 첨예하고도 중요한 문제를 다룬 것 같습니다. 먼저 이 논문에 대한 선생님의 소개말을 들어보겠습니다.

루소: 사회자가 정곡을 찔렀습니다. 비록 이 논문이 현상 당선작으로 결정되지는 않고 차석을 차지했지만 나는 이 논문에 더 많은 애착을 갖고 있습니다. 이 논문은 첫 번째 논문의 계승·발전이라는 의미를 지니고 있는데요. 물론 나는 이 논문을 쓰면서 이것을 이해할 만한 독자를 유럽에서는 찾아보기 힘들 거라고 생각했습니다. 그러나 마음속으로는 이렇게 외쳤어요. "끊임없이 자연에 대해 불평을 말하고 있는 어리석은 사람들아, 너희들의 모든 불행은 너희 자신에게서

137

온 것임을 알라!"

나는 여기서 처음으로 불평등의 문제를 다루었습니다. 인간의 모든 불행이 불평등에서 시작되기 때문입니다. 나는 우선 두 가지 종류의 불평등을 구분했습니다. 자연에 의해 정해지며 연령이나 건강, 체력, 정신, 혹은 영혼의 상태에서 생기는 자연적 혹은 신체적 불평등과 일종의 약속 혹은 사람들의 동의에 의존하는 도덕적 혹은 정치적 불평등입니다. 정치적 불평등은 사람들이 다른 사람들의 희생의 대가로 얻은 모든 특권, 예컨대 다른 사람들보다도 부유하다든가, 존경 받고 있다든가, 권력을 갖고 있다든가, 더 나아가서 사람들을 자신에게 복종시키는 등의 특권으로부터 생겨납니다. 사회적 불평등은 반자연적 성격을 지닙니다. 자연적 불평등과 더불어 태어난 인간은 물론 능력에서 차이가 납니다. 그러나 사유재산이 발생하지 않았던 자연 상태에서 모든 인간은 선하므로 소박한 덕이 지배했습니다. 자기 자신에 대한 참된 욕구가 충족되면 인간은 만족하면서 타인을 지배하려고 하지 않았습니다. 이때는 만인이 만인에 대하여 투쟁하는 상태가 아니라 누구나 자유로우며 어느 누구에게도 예속되지 않는 낙원의 상태였지요. 그러나 인간의 이기심은 이해관계에 눈을 뜨게 하여 소유의 개념을 낳게 했습니다. 물론 이러한 이기심은 인간과의 교제에서 오는 이차적인 것이며, 인간의 본성에서 나오지 않는다고 해석해야 좋을 것 같습니다. 왜냐하면 인간은 원래 선하고 이기적인 존재가 아니기 때문입니다. 이기심은 소유의 개념을 만들어냈습니다. 어떤 사람이 먼저 땅에다 울타리를 쳐놓고 "이것은 내 것이다"라고 주장했습니다. 땅은 하느님이 창조했던 원래부터 자연 그대로 존재했던 것인데 주인이 따로 있었겠습니까? 그런데 사람들은 땅이 자기 것이라는 그의 말을 믿게 되었지요. 누군가 나타나 땅에 꽂힌 막대기를 뽑아내고 제멋대로 파헤쳐진 도랑을 메우고 이웃 사람들에게 "이 사기꾼의 말을 믿지 말라. 그대들이 만일 여기서 자라는 모든 열매는 우리들 모두의 것이며 한 조각의 토지도 어떤 개인의 것이 아니라는 사실을 잊어버린다면 그대들은 스스로의 무덤을 파는 꼴이 되리라!"라고 외쳤다면 인류가 겪은 얼마나 많은 범죄, 전쟁, 살인, 빈곤 및 불의를 예방할 수 있었겠습니까?

결국 개인의 이기심과 이에 동조하는 무력한 인간들의 방관에 의하여 토지가 분할되고 토지에 대한 소유권이 인정되면서 인간이 행복했던 자연 상태는 종식되었습니다. 어느 누구도 남을 희생시키지 않고 독자적으로 자기 분수를 지키며 살아갈 수 없게 된 거예요. 주인과 노예가 발생하고 폭력과 약탈이 자행되었으며 인간은 소유욕과 공명심에 눈이 어두워져 간악한 존재로 변하고 말았습니다. 홉스가 말하는 '인간의 인간에 대한 늑대'의 상태가 비로소 시작된 것입니다. 그러나 재빨리 토지를 점거한 부자들은 투쟁의 상태를 종식시키기 위해 묘안을 짜냈지요. "우리는 뭉쳐야 한다. 그래야만 토지를 빼앗기지 않는다. 우리는 힘을 합해 법률을 만들고 그것을 수행할 정치권력을 만들어내야 한다. 누구나 자기의 소유권을 보장받을 수 있도록 권력기관이 만들어지고 그것을 통하여 평화와 질서가 유지되어야 한다"라고 말입니다. 이것은 언뜻 보기에 만인의 권리를 보호하기 위한 제안처럼 생각되지만 실은 소유권을 획득한 사람들의 자기 보호에 더 큰 목적이 있었습니다. 순진한 사람들이 이 제안에 동의함으로써 국가와 법률이 발생했고, 마침내 약자에 대한 새로운 올가미가 씌워진 것입니다. 반대로 부자들은 그나마 처음에는 법적인 근거 아래 점유한 지배권을 어느덧 하나의 자의적인 지배로 변질시킴으로써 마침내 인간불평등을 영구화시킬 가능성을 마련했습니다. 부자와 빈자를 갈라놓은 재산의 발생이 최초의 화근이었다면, 지배자와 피지배자를 갈라놓은 주종관계의 발생이 제2의 화근이며, 권력이 자의로 변질되는 것이 제3의 화근이었습니다. 결국 사회적 불평등이 발생하고 인류의 재앙이 시작되었지요. 어떤 사람들은 기아 상태에 허덕이는가 하면 극소수의 부자는 풍요를 누리는, 즉 자연권과 너무나도 모순된 결과가 나타나게 된 것입니다. 소유권의 확립에 의하여 '부자의 교묘한 도둑질은 취소될 수 없는 하나의 권리'로 되어버렸습니다.

볼테르: 루소 선생의 열변에 박수를 보냅니다. 그러나 선생이 말하는 순진한 바보들이 있다면 선생의 주장에 동의하겠지만, 나는 다른 의견을 갖고 있습니다. 인간에게는 자연권이라는 것이 있어요. 내가 존경하는 로크가 이미 이에 대해 자세히 규명한 바 있습니다. 자기 노동을 통해 획득한 대상에 대해 인간은 소유권을 가지며 그것은 누구도 침해하거나 부정할 수 없는 자연권에 속합니다. 토지의 소유도 자연권에 속합니다. 국가는 각 개인에 속하는 자연권을 보호할 목적으로 만들어졌으며, 사회제도는 인간의 소산물이기 때문에 인간의 의사에 따라 항상 개조될 수 있습니다. 자연권에 속하는 가장 중요한 범주가 생명, 자유, 소유 등입니다. 루소 선생은 부자들에게 너

무 많은 편견을 갖고 있는 것 같습니다. 순수한 마음으로 당신을 도와준 부자도 있지 않았습니까? 루소 선생에게 묻겠습니다. 자기 노동과 노력을 통해서 획득한 대상의 소유권이 정당하지 않다는 뜻입니까?

루소: 모든 소유권을 부정하는 것이 아니라 불의와 강탈에 의해서 얻은 소유권을 부정한다는 말입니다. 앞에서도 이야기한 것처럼 소유의 개념은 인간의 이기심에서 발생하며 이기심은 사회 속에서 발생합니다. 사회생활을 하다 보면 인간은 자기 능력과 타인의 능력을 비교하는 성찰을 하게 되고, 타인을 경쟁의 대상으로 생각하여 타인보다 앞서려는 생각을 하게 되는데요. 바로 그것이 이기심의 근원입니다. 이기심은 경멸, 오만, 증오, 경쟁심, 복수심 등을 일으키는 원인입니다. 이러한 이기심은 인간의 원시적인 자연 상태에는 존재하지 않았으며, 재산이 축적되면서부터 발생했습니다. 인간의 자연 상태에서는 이기심 대신 '자기애(amour de soi)'가 있었을 뿐입니다. 자기애는 자신의 일에만 관심을 가지기 때문에 자신의 참된 욕구가 충족되면 그것으로 만족하므로 이기심과 대립됩니다. 이기심은 자신을 타인과 비교해보기 때문에 만족을 모릅니다. 타인과의 비교는 인간의 사고가 있는 곳 어디에나 존재합니다. 이기심과 대치되는 자기애야말로 인간의 올바른 본성입니다. 그러므로 소유권이 있는 자연인이란 참다운 자연인이 아니라 본래적인 인간의 타락한 형태이지요. 참다운 자연인은 이기심과 소유욕이 형성되지 않은 순수한 자연 상태의 인간입니다.

칸트: 루소 선생님의 주장에는 두 가지 모순이 있는 것 같습니다. 첫째, 사회생활이 있는 곳에 항상 이기심이 나타난다고 말했는데, 왜 원시 사회에서는 이기심이 나타나지 않았습니까? 둘째, 인간은 모두 선하게 태어났는데 이런 인간에게 어떤 과정을 통해서 이기심이 싹트게 되는 걸까요?

루소: 칸트 선생이 매우 어려운 질문을 했습니다. 나도 고민했던 문제입니다. 나는 사회가 발전하면서 인구가 늘어나고 생활필수품이 부족하게 되는 과정을 제시했습니다만, 충분하게 해명하지 못했다는 것을 인정합니다.

볼테르: 인간은 사회적 동물입니다. 순수한 자연인이란 불가능하지요. 어느 때나 사회적 인간으로 존재합니다. 루소 선생은 인류의 역사가 시작하기 전에 순수한 자연 상태가 존재했다는 것을 가정하고, 이 자연 상태의 퇴화로 문명사회가 발생했다고 주장함으로써 인간의 존재 방식으로부터 사회성을 박탈해버리는 모순에 빠졌습니다. 선생이 말하는 자연인은 문명인이 가지고 있는 모든 사회성이 배제된 오로지 대상적 자연에만 의존하는 하나의 고립자에 불과합니다. 인간은 그가 만들어놓은 사회를 되돌려 미개인의 상태로 되돌아갈 수 없습니다. 이제 사회적인 자연인이 나타나야 합니다.

루소: 볼테르 선생님의 의견에 동의합니다. 이 문제를 나는 계속 연구했습니다. 내가 첫 논문에서 사회의 타락한 현상을 파헤쳤고, 두 번

째 논문에서 그 원인을 파헤쳤다면, 『에밀』과 비슷한 시기에 나온 『사회계약론』에서는 미래의 이상적인 사회가 어떤 것이어야 하는가를 제시했습니다. 그러므로 세 저술은 서로 연관된다고 말할 수 있어요. 『사회계약론』의 주제는 "국가에 대한 시민의 복종과 개인적인 자유의 보장이 어떻게 조화될 수 있는가?" 하는 점입니다. 인간은 자연으로부터 주어진 양도할 수 없는 자유와 권리를 갖고 있지만 이 자유를 조정하는 데에는 국가 질서가 필요합니다. 그렇지 않을 경우 싸움과 혼란이 야기되니까요. 그러나 국가 질서는 정당한 지배권을 기초로 하여 이루어져야 합니다. 정당한 지배권은 개개인의 자유로운 동의를 바탕으로 해야 하며 이 합의가 바로 사회계약입니다. 여기서 사회의 구성원은 자기가 소유한 일체의 사물과 기능, 그리고 권리를 공동재산으로 간주하고 그것을 하나의 '일반의지(volonté generale)'에 종속시켜야 합니다. 공동체의 성원은 모두 '일반의지'에 스스로를 전면적으로 양도해야 하며 어떠한 유보도 있을 수 없습니다. '일반의지'를 지향하며 각자의 자유로운 합의에 의해서 이루어지는 사회는 이기심에 의해서 이루어지는 문명화와는 다릅니다. 내가 말하는 사회계약에 의한 전면적인 양도는 각 개인이 실제적으로 어떤 것을 포기한다는 의미가 아닙니다. 각자는 자신들이 양도한 것을 결국 되찾아오기 때문이에요. 자연적, 사회적으로 불평등한 인간은 사회계약에 의해서 합법적으로 평등을 승인 받게 됩니다. 각 개인은 주권자의 일원으로서 능동적인 시민인 동시에 법에 복종하는 수동적인 시민입니다. 지배와 복종이라는 대립물의 통일로서의 정치체제가 구성되는 것이지요. 그러나 집행자가 주권자를 억압한다면 자유로운 사회계약은 파기되고, 국민은 다시 '일반의지'에 따라 정부를 구성할 수 있습니다. 그것은 구체적으로 인민의 정기 집회를 통하여 이들이 현 정부에 만족하며 계속 통치를 위임할 것인가를 투표로 결정하는 것입니다. 동시에 이 집회는 만족스러운 사회계약을 다시 실현하기 위해 '임시 정부'를 구성할 수 있습니다.

칸트: 선생님의 주장은 인민에 의한 자기통치의 이념을 제기한 로크의 저항권을 비판적으로 계승했다는 데 의의가 크지만, 실현 가능성을 놓고 보자면 다분히 낭만적인 이상에 머물러 있지 않나 생각됩니다. 예컨대 각자가 투표권을 행사하여 자기의 입장을 표시하고 이 투표 수를 계산함으로써 일반의지가 확인된다고 했는데 선생님은 투표라는 방식에 의한 결정이 많은 모순을 내포하고 있다는 사실을 간과하고 있습니다. 예를 들면 금전이나 권력에 의한 부정투표도 있을 수 있잖습니까?

루소: 나의 주장이 절대적으로 맞는 거라고 강변할 생각은 없습니다. 하나의 이상을 제시한 것이지요. 사회는 항상 발전하므로 그 발전에 상응하는 더 좋은 방법이 연구되어야 할 것입니다.

볼테르: '일반의지'에 지배되는 국가에서는 사유재산이 인정되는 것 같은 인상을 받았습니다. 맞습니까?

루소: 거의 맞습니다. 그러나 자유가 가능하려면 평등이 전제되기 때

문에 사유재산이 도를 넘어서는 안 됩니다. 소유권은 인간의 노동을 통해서 획득되는 것에 한정되어야 하며 투기 같은 것은 있을 수 없습니다. 여기서는 거지도 없고 부자도 있어서는 안 됩니다. 즉, "국민은 다른 사람을 구매할 정도로 부유해서도 안 되며 자신을 팔아야 할 정도로 가난해서도 안 된다"라고 생각합니다. 시민들의 자유는 재산을 자기 능력에 따라 무한히 습득할 수 있는 자유가 아니라 남에게 해를 끼치지 않고 자기 능력을 최대한도로 발휘할 수 있는 자유입니다. 양심의 목소리에 귀를 기울이는 자유이죠. 그것은 덕의 기초가 되는 윤리적인 자유입니다. 이렇게 하여 문화적 성과와 도덕적 자유에 기초한 평등이 이루어지는 사회가 실현될 수 있습니다.

주권자는 혁명에 의해서도 사회계약을 파기할 수 있습니까?

루소: 물론입니다. 투표에 의한 평화스러운 정권 교체를 거부하고 정부가 폭력을 사용하는 경우 국민은 당연히 혁명이라는 폭력 수단에 의해서라도 새로운 정부를 구성해야 합니다. 그러나 혁명보다는 교육이 더 중요한 방법입니다.

루소 선생님이 「인간 불편등 기원론」을 볼테르 선생님에게 보냈고, 볼테르 선생님은 이 책에 대하여 혹평을 했다는 이야기가 있는데요. 맞습니까?

볼테르: 사실입니다. 나의 삶과 인생관이 신랄하게 공격받았다는 느낌

이 들었거든요. 나는 공격을 받으면 악마처럼 싸웁니다. 나는 루소 선생처럼 누구에게도 굴복하지 않습니다. 물론 나는 마음씨 고운 악마이기 때문에 결국 웃음으로 끝맺는 경우가 대부분이지만요. 여하튼 그 책을 받고 다음과 같이 회답했던 기억이 납니다. "인간을 짐승으로 만들기 위하여 귀하처럼 재치 있는 노력을 한 분은 일찍이 없었습니다. 귀하의 책을 읽노라면 네 발로 기어 다니고 싶은 충동을 느낍니다. 그러나 나는 60년 전에 이미 이러한 습관을 버렸으므로 불행하게도 그러한 습관을 다시 회복할 가능성이 없는 것 같습니다."

루소 선생님은 어떻게 답변하셨나요?

루소: 나는 볼테르 선생님의 오해를 정중하게 지적하면서 "선생님은 결코 네 발로 기어 다니려고 노력하지 않아도 됩니다"라고 대답했습니다. 왜냐하면 나는 학문의 오용과 빈부의 격차에서 오는 인간의 타락과 불행을 비판했을 뿐 역사를 원시시대로 되돌리려 한 것이 아니기 때문입니다.

이 논쟁은 철학적인 논쟁이라기보다 정치적인 논쟁의 성격을 지닙니다. 그러나 참된 철학은 정치와 경제 문제를 배제할 수 없다고 생각합니다. 볼테르와 칸트 선생님도 정치 문제에 많은 관심을 돌렸고 그와 연관된 저술을 했습니다. 그런데 인간의 불평등 문제, 사유재산의 문제는 훗날 맑스주의 철학의 핵심이 되었습니다. 루소 선생님의 철학이 맑스주의 철학과 어떤 연관성이 있는지에 대해서 맑스주의 철학의 창립자 중 한 사람인 맑스 선생님에게 인터넷을 통해 의견을 들어보겠습니다.

(화면에 맑스 등장)

맑스: 사실 이 문제가 매우 중요하기 때문에 발언하기로 결심했습니다. 사유재산이 인간의 행복에 절대적으로 필요한가의 문제는 이미 오래전부터 논쟁의 대상이 되었습니다. 개인의 소유권을 인정하지 않고 공동으로 재산을 관리하는 사회가 공산주의입니다. 사유재산이 아직 없었던 인류의 원시사회는 일종의 공산주의 사회였습니다. 플라톤도 그의 이상국가론에서 통치자는 사유재산을 가져서는 안 된다고 주장하면서 제한적일망정 공산주의의 모형을 제시했지요. 중세의 수도원도 일종의 공산주의 사회였습니다. 모든 구성원이 사유재산의 권리를 포기했잖아요? 근세 영국의 작가 토마스 모어는 소설 『유토피아』*에서, 이탈리아의 작가 캄파넬라는 『태양의 나라』**에서, 철학자 베이컨은 『신 아틀란티스 섬』에서, 공상적 사회주의***자들은

---

* 어느 곳에도 없는 장소라는 뜻으로, 1515년에서 1516년 사이에 영국의 모어가 지은 공상 사회 소설이다. 공산주의 경제 체제와 민주주의 정치 체제 및 교육과 종교의 자유가 완벽하게 갖추어진 가상(假想)의 이상국을 그린 작품으로, 유럽 사상사에서 독자적인 계보를 형성했다.

** 제네바의 한 함장이 주인에게 항해 도중 경험한 일을 회상하며 들려주는 형식의 유토피아 소설로 플라톤의 『공화국』에서 영감을 받은 작품으로 알려졌다.

*** 이상적 사회주의라고도 하며 맑스 이전의 사회주의 사상을 가리키는 표현이다. 즉, 맑스에 의해 논리를 갖춘 사회주의인 맑스주의(과학적 사회주의)가 등장하기 이전에 존재하던 원류 사회주의를 일컫는다. 공상적 사회주의의 시초는 영국의 노동운동가인 로버트 오웬과 잉글랜드의 토머스 모어의 사회주의부터 시작되었다고 볼 수 있다. 생-시몽과 푸리에 등이 대표적 인물이다.

암브로시우스 홀바인의 목판화가 실린 1518년 판 토마스 모어의 『유토피아』.
여행자 라파엘 히슬로데이가 경청자를 위해 왼손을 들어 올려 유토피아 섬의 약도를 그리며
설명하고 있다.

토마소 캄파넬라.
르네상스 시대의 이탈리아 철학
자이자 공상적 사회주의자로 이
상적인 사회상을 주장했다.

그들의 다양한 철학적인 저술에서 사유재산이 폐기되고 모두가 행복하게 살 수 있는 이상적인 사회상을 제시했습니다.

　루소 선생님의 주장도 그 가운데 하나입니다. 이러한 주장에 대한 반론도 나타났습니다. 인간은 본성상 이기심을 갖고 있기 때문에 그것을 없애려는 것은 하나의 실현 불가능한 이상에 불과하다는 것인데요. 나는 동료인 엥겔스와 함께 이러한 모든 주장을 검토하고 종합하여 과학적 공산주의 이론을 만들었습니다. 다시 말하면 인간의 이기심은 본성에서 나오는 것이 아니라 사회 속에서 만들어지기 때문에 사회관계를 변화시키면 인간의 이기심도 없어질 수 있다는 것입니다. 그런 의미에서 루소 선생님의 불평등기원론은 과학적 공산주의 사상에도 많은 영향을 미쳤다고 볼 수 있어요. 평등한 공화주의적 민주사회를 지향하는 그의 이념은 프랑스혁명 후에 바뵈프에 의해 수용되었고, 그 후 프랑스 공상적 사회주의자들의 손을 거쳐 과학적 공산주의로 넘어왔습니다. 물론 루소 선생님의 이념에도 한계가 있습니다. 선생님은 자연의 법칙과 사회의 법칙을 동일시하면서 자연에 부합하는 사회를 염원하였습니다. 그러나 양자는 단순하게 일치하는 것이 아닙니다. 사회의 법칙에는 더 많은 모순과 갈등이 포함되어 있습니다. 사회의 발전 법칙에서 가장 중요한 핵심 고리가 무엇인가를 파악해야 하는데, 루소 선생님은 아직 이상에 머물러 있습니다. 생산력의 변화와 생산관계, 계급투쟁 등을 과학적으로 분석하지 않았거든요. 그럼에도 불구하고 인간의 생산적인 노동을 자유로운 인간이 되기 위한 사회적인 의무로 간주한 선생님의 주장은 노동자들에게 많은 힘을 실어주었습니다. 여기서 한 가지 덧붙이고 싶은 점은 우리가 제시하는 공산주의에서는 토지나 공장과 같은 생산수단에 대한 개인의 소유권은 제한하지만, 집이나 자동차와 같은 소비재에 대한 개인의 소유권을 인정한다는 것입니다. 이차이를 혼동하면 공산주의의 본질을 오해하게 됩니다.

볼테르: 사유재산이 인간을 불행하게 만든 근본 원인이라는 루소 선생과 맑스 선생의 주장에 동의할 수 없습니다. 나는 생전에 토지를 구입하고 소유했지만 그것을 소유하기 위해 많은 돈을 지출했고 노력도 기울였습니다. 그 토지가 나의 사유재산이 되었기 때문에 나는 더 많은 애착을 갖고 개발했으며 다시 투자하여 가치를 올렸습니다. 루소 선생은 그것까지도 무용하고 해로운 일이라고 주장합니까?

루소: 무용하다고까지 말할 수는 없지만 전체적인 측면에서 고찰할 때 해로운 일임에 틀림없습니다. 많은 사람들이 원래 토지란 사유재산이 될 수 없고 만인에게 속하는 공유물이 되어야 한다는 나의 주장을 시대착오적인 발상으로 생각했습니다. 그러나 토지는 물이나 공기처럼 누구나 마음대로 이용할 수 있는 자연의 선물입니다. 생각해 보십시오. 원래 땅의 주인이 따로 있었겠습니까? 공기나 물의 주인이 따로 있습니까? 원래 땅은 누구의 소유물도 아니었는데 권력을 지닌 자들이 그것을 사유화하고 그 권리를 주장하면서 사유재산으로

굳어졌습니다. 자연을 이용하고 있는 동물들에게 이러한 소유개념이 있을까요?

볼테르: 동물도 자기 구역을 정해놓는 경우가 많지 않습니까? 소유권은 미래를 계획하는 능력이 훨씬 발달된 인간의 장점에 속한다고 생각합니다. 그리고 한마디 덧붙인다면 루소 선생은 항상 민중을 앞세우는데 민중은 계몽하기가 쉽지 않습니다. 역사적으로 민중의 우둔 때문에 폭력과 불관용과 비이성이 머리를 든 경우가 얼마나 많습니까?

루소: 동물의 영역 설정은 근본적으로 사유재산의 개념과는 다른 생존 본능의 표현입니다. 힘을 합해 일정한 지역을 공동으로 이용하려는 것이지요. 사람들이 국경을 만드는 것과 같은 이치입니다. 우둔한 민중이 눈을 뜨게 하는 것이 계몽의 과제라면 눈을 뜬 민중은 양순한 일꾼으로만 머물지 않고 역사를 변혁하는 주체가 될 수 있다는 것이 나의 신념입니다.

끝없는 논쟁이 될 것 같습니다. 칸트 선생님의 생각을 들어볼까요?

칸트: 나는 토지를 포함한 소유권이 정당하다고 생각합니다. 인간의 이기심은 사유재산의 폐기를 통해서가 아니라 도덕법칙을 통해서 제한되어야 합니다. 인간을 결코 수단으로 대하지 말고 목적으로 대하라는 도덕률이 실천된다면 사유재산의 문제는 자동적으로 해결될

수 있다고 생각합니다.

좀 다른 문제로 넘어가겠습니다. 일반적으로 현대 철학에서 소외 문제를 다룰 때도 루소 선생님의 이름이 거론됩니다. 루소 선생님도 소외란 말을 사용했는데 소외 문제를 많이 연구하신 소련의 오이저만* 선생님이 이에 관해서 인터넷을 통해 말씀해주시겠습니다.

(화면에 오이저만 등장)

오이저만: 나는 국제포이어바흐학회에서 강물 선생을 알게 되었습니다. 선생의 부탁을 물리칠 수 없어 발언하겠다고 했는데요. 나는 『역사적 범주로서의 소외』라는 책에서 소외 문제를 다루었습니다. 소외란 인간이 자신을 위해 만들어낸 어떤 대상으로부터 적대감을 느끼게 되는 심정의 상태를 표현하는 말입니다. 루소가 말하는 문명으로부터의 소외, 포이어바흐가 말하는 종교로부터의 소외, 맑스가 말하는 생산물과 노동으로부터의 소외는 모두 이러한 의미를 지닙니다. 포이어바흐의 경우가 소외과정을 잘 설명해주는데요. 유한한 인간은 스스로의 한계에서 오는 불행으로부터 벗어나기 위해서 무한한 신을 만들어내어 그것으로부터 위로를 받으려 했는데 점차 신이 독자화하여 오히려 인간을 지배하게 되었다는 것입니다. 현대인은 많

---

* 오이저만(Teodor Il'Ic Ojzerman, 1914~)은 러시아의 철학자로서 모스크바 대학의 교수로 활동했다. 맑스주의, 부르주아 철학 및 사회학 비판에 몰두했다. 우리나라에 『맑스주의철학 성립사』(아침 새벽, 1989)가 번역되어 있다.

은 소외를 느끼고 있으며, 소외의 원인이 무엇인가를 둘러싸고 학자들도 두 방향으로 갈라지는 것 같습니다. 자본주의 사회의 부르주아 학자들은 소외의 원인을 인간의 영원히 변하지 않는 본성 속에서 찾으려 합니다. 인간은 살아가기 위해 무엇인가를 계속 만들어내야 하고 인간에 의해서 만들어진 물건이나 대상은 그 필요성이 감소되거나 그 수요가 늘어날 때 필연적으로 인간을 위협하는 어떤 것으로 변한다는 말입니다. 사회주의 학자들은 소외의 원인을 자본주의적 사회구조에서 찾습니다. 자본주의 사회에서는 물질과 돈이 인간을 지배하는 신으로 변합니다. 그러므로 자본주의 사회가 무너지고 사유재산이 폐기되면 인간의 창조적인 노동이 존중되는 사회가 이루어지고 그 안에서 소외가 점차 사라진다는 것입니다.

종교 이야기_참된 신앙과 광신 사이

이번에는 볼테르 선생님의 『관용론』을 중심으로 종교에 관해 토론하겠습니다. 이 책은 우리나라에도 번역 출간*되었는데요. 칼라 사건을 중심으로 종교적 관용이 자연법에 배치되지 않는다는 사실을 저자가 역설한 것 같습니다. 먼저 '종교적 관용'이란 무엇이며 왜 필요한지 볼테르 선생님의 설명을 듣겠습니다.

볼테르: 종교적 관용이란 한마디로 남의 종교를 존중하고 인정하는 정신입니다. 이 세상에는 수많은 종교가 있고, 저마다 자기 종교가 유일하게 옳다고 주장합니다. 그러한 배타성 때문에 인류의 역사에는 비참한 전쟁이 일어났고 죄 없는 많은 사람들이 희생되었습니다. 다른 종교나 종파는 물론 신을 믿지 않는 무신론자도 존중을 받아야 합니다. 왜 꼭 다른 사람을 나의 종교 안으로 *끄집어들여야* 합니까?

---

* 『관용론』, 볼테르 지음, 송기형 임미경 옮김, 한길사(초판 2001, 개정판 2016)

그것은 자기 종교가 더 좋다는 오만 때문에 나오는 폭력이 아닐까요? 내가 생존했던 시기엔 가톨릭과 개신교 사이의 적대감이 너무나 심했습니다. 그 뿐만이 아닙니다. 당시부터 많은 서양인들이 종교라는 이름을 앞세워 약소국가를 침입하고 식민지로 만들기 시작했습니다. 선교사들이 침략의 선발대가 되어 약소민족의 민족정신을 말살하는 데 앞장섰고, 기독교를 통해 세계평화가 실현된다는 거짓 선전의 전파에 동원되었지요. 이들은 결국 강대국의 이익을 대변하는 사기꾼들입니다. 이 사기꾼들의 말에 속아 넘어간 많은 약소민족의 민중들이 침략의 희생물이 되어 노예처럼 살아가고 있습니다. 나는 이러한 사실을 『관용론』의 '중국에서 벌어졌던 논쟁에 대한 보고서'에서 비유적으로 암시했습니다. 선교사들은 인류의 행복에는 관심이 없고 종교 전파에만 혈안이 되어 있었어요. 선교사들끼리 서로 우위를 점하기 위해 논쟁과 싸움을 이어갔습니다.

루소 선생님의 생각은 어떻습니까?

루소: 나는 종교 문제를 『에밀』의 4장에 들어 있는 '사부아 교구 보좌 신부의 신앙 고백'에서 다루었습니다. 여기서 나는 감각주의, 유물론, 무신론, 이기적인 도덕 그리고 계시 신앙을 모두 비판했습니다. 나는 로크의 철학에서처럼 '인간인식의 근원은 지각'이라는 입장에서 출발했습니다. 지각은 외적인 자극에 의하여 발생합니다만 인간의 내면에는 외적 요인을 어느 정도 움직일 수 있는 원리가 존재하는데 그것이 바로 의지입니다. 이 의지의 근원은 신입니다. 자연의 합목적

적인 질서가 신성에 의하여 설명될 수 있는 것처럼 우주를 움직이는 원인도 신의 의지라고 할 수 있어요. 인간은 진리와 정의를 추구하는 영혼과 감성을 갖지만 정열에 따라 움직일 수도 있습니다. 영혼은 자유로우며 육체로부터 독립해 있습니다. 이성이 부재중이더라도 감성은 양심의 소리에 따라 선악을 판단할 수 있습니다. 양심은 가장 확실한 신의 목소리입니다. 신을 믿는 인간의 마음이 바로 교회입니다. 모든 종교 의식과 교리는 거의 쓸모없습니다. 자연 상태의 인간은 죄가 없습니다. 그러므로 원죄란 있을 수 없습니다. 모든 교리와 교파는 옳지 않으며 신은 자연 속에서도 나타납니다. 인간의 구원이란 것도 필요 없는 말입니다. 나의 종교관을 다시 요약해서 말하겠습니다. 나는 신을 부정하지 않습니다. 그러나 볼테르 선생님이 말한 것처럼 신의 이름으로 전쟁을 일으키고 인민을 수탈하고 권력을 남용하는 종교적 제도를 철저하게 증오합니다. 성직자, 교회, 헌금, 종교적인 사업, 종교적인 학교 운영 등이 종교적 제도를 부추기는 수단들이며 그것을 통해 빈부의 격차가 벌어지고 인간의 불행이 증가되기 때문에 나는 이 모든 것을 증오합니다. 신은 인간의 마음속에서나 자연의 아름다움 속에서 존재하는 것이며 그것으로 충분합니다. 신의 영광을 위해 제물을 바치고 희생하고 봉사한다는 것은 다 무의미한 짓입니다. 그것은 성직자들의 호주머니를 불리면서 인민들의 호주머니를 틀어가는 일종의 교묘한 착취입니다. 풍요롭고 자비로운 신은 그것을 필요로 하지 않으며 그것을 요구할 이유도 없습니다. 이런 의미에서 나는 『고백록』에서 이렇게 썼습니다. "신에 대한 가장 올바른 경외는 신이 만든 것에 대한 관조에 의해 일깨워지는 말없는 찬미, 수다스러운 방법으로는 표현할 수 없는 저 조용한 찬미 외에는 있을 수 없다." 신은 존재해야 하지만 종교적 제도는 사라져야 합니다. 종교적 제도는 인간 불평등의 근원이 되기 때문입니다.

나의 정치적인 저술 『사회계약론』도 기독교 신자들의 지탄 대상이 되었습니다. 이 책에 나오는 '시민 종교'의 항목에 다음과 같이 썼기 때문입니다. "기독교는 시민의 마음을 국가에 묶어놓지 못한다. 오히려 국가로부터 마음을 돌리게 만든다. 나는 이보다 더 사회정신에 어긋나는 것은 없다고 생각한다. 기독교인들의 사회는 더 이상 인간 사회가 아니다." 기독교인은 자기나라보다도 천국을 더 사랑하기 때문에 애국심을 흐려놓는다는 말입니다. 나는 이성, 관용, 인간애의 이름으로 계시, 독단, 기적과 같은 것을 비판했습니다.

칸트 선생님의 종교관은 어떠합니까?

칸트: 나도 신이 존재해야 한다고 생각합니다. 신은 인간의 행위를 윤리적인 차원으로 이끄는 근거가 되기 때문입니다. 그러나 모든 종교적 교리는 이성의 한계 안에 있어야 해요. 이성의 한계를 초월하는 종교적 진리는 미신의 표현에 불과합니다. 철학자나 철학에 관심이 있는 사람은 무조건 믿어야 된다는 종교인들의 주장이 미신과 별로 차이가 없다는 사실을 간파하고 날카롭게 비판할 수 있는 능력을 가져야 합니다. 나는 "과학을 갖고 있는 사람은 종교가 필요 없다"라고 한 괴테의 말을 무척 존중하게 되었습니다.

지금 한국에는 기독교가 만연합니다. 모두가 기독교인이 될 때 통일이 이루어지고 평화가 실현될 수 있다고 주장하는 기독교인들도 있는데요. 이에 대하여 볼테르 선생님은 어떻게 생각합니까?

볼테르: 한마디로 정신 나간 사람들입니다. 기독교가 한국의 민족정신과 무슨 상관이 있습니까? 예수의 정신보다는 오히려 공자의 정신이 더 한국 민족과 가깝고 유용할 것 같습니다. 물론 과거 독일이나 현대 프랑스에도 그런 정신 나간 사람들이 있었던 것은 사실입니다. 제2차 세계대전 때 프랑스를 점령한 나치의 이론가들은 프랑스의 계몽주의를 폄훼하기 위해 열을 올렸습니다. 현대에도 네오토미즘을 자칭하는 프랑스 철학자들은 계몽 철학의 무신론이 내세, 영혼의 불멸성, 신에 대한 믿음을 파괴함으로써 자기 이익만을 추구하는 동물적인 개인주의를 만연시켰다고 주장하며 사회적 모순과 혼란의 책임을 무신론과 유물론에 뒤집어씌우려 합니다. 이들은 프랑스혁명의 성과를 완전히 지워버리려 해요. 종교적 신앙이 다시 부활함으로써 민주적이고 평화로운 사회가 건설될 수 있다는 이들의 황당무계한 주장은 역사 발전을 왜곡하는 시대착오적인 생각이며 결국 강대국의 침략 논리와 지배계급의 이익을 대변하는 봉건잔재의 유령일 뿐입니다. 이들의 주장대로라면 프랑스혁명이 기치로 내걸었던 자유, 평등, 박애 대신에 자유가 억압당하는 사회, 신분제 사회, 불관용의 광신적인 사회가 복귀되어야 하지 않겠어요? 그러나 역사는 되돌릴 수 없으며 역사를 되돌리려 하는 자들은 결국 역사의 쓰레기장으로 던져지고 말 것입니다. 무신론과 유물론을 기반으로 한 도덕이 얼마

나 인간을 행복하게 만들 수 있는 유용한 도덕인가를 이미 프랑스 계몽주의 철학자 홀바흐가 그의 책 『자연의 체계』에서 잘 해명해주었습니다. 물론 나는 이전에 이 책을 비판했습니다만 그 후의 역사 발전은 이 책의 정당성을 더 지지해주는 방향으로 나아갔습니다. 한국의 지성인들도 이 책을 꼭 읽어야 합니다.

여하튼 지금 서양 민중들 사이에서는 우리 계몽주의자들의 노력으로 기독교가 사양의 길에 들어서고 있습니다. 서양 사람들은 한국 사람들을 향해 비웃을 것입니다. "우리가 오랫동안 사용해먹고 폐기 처분한 기독교를 붙들고 몸부림치고 있는 멍청이들!" 그리고 내가 알기로 한국의 북쪽에는 무신론적인 사람들이 살고 있습니다. 그렇다 하여 그곳이 모두 악의 세계라고는 생각하지 않습니다. 남쪽 사람들이 기독교에만 매달리면 필시 전쟁이 일어나고 양쪽은 모두 파멸하게 될 것입니다. 한국 사람들이 보다 계몽되어야 하며 보다 현명해져야 합니다.

칸트 선생님은 『계몽이란 무엇인가?』라는 저술을 했습니다. 계몽이란 무엇인지 간단히 말씀해주세요.

칸트: 계몽이란 인간 정신이 미성숙의 상태로부터 성숙의 상태로 나아가는 것입니다. 쉽게 말해 종교적인 상태로부터 철학적인 상태로, 미신적인 종교로부터 합리적인 종교로, 비합리주의적인 철학으로부터 이성적인 철학으로 나아가는 것이지요.

종교적 독단에서 벗어나고 모든 사람이 관용정신을 발휘해서 진정으로 세계평화가 이루어지는 날이 오면 좋겠습니다. 마지막으로 볼테르 선생님에게 묻겠습니다. 선생님은 무신론을 어떻게 생각합니까?

볼테르: 나는 무신론을 반대합니다. 신이 존재하기 때문이 아니라 종교를 근간으로 하는 사회적 전통이 무너지면 사회가 혼란에 빠지기 때문입니다. 사회를 혼란에 빠지게 하지 않는 무신론에는 반대할 이유가 없다고 봅니다. 계몽되고 관용을 인정하는 유신론과 함께 이성적인 무신론은 인류의 행복에 기여하니까요. 유신론이든 무신론이든 타협의 여지를 남기지 않는 독단적인 광신이 될 때 우리는 그것을 비판하고 거부해야 합니다.

교육의 본질_교사의 역할과 교육의 목표는 무엇일까?

계속해서 루소 선생님의 교육소설 『에밀』을 중심으로 토론을 진행하겠습니다. 우선 루소 선생님이 책을 소개해주세요.

루소: 이 책에서 나는 모든 인간은 자연 속에서 선하게 태어나지만, 사회의 영향을 받으면서 타락하기 쉬우므로 인간의 선한 천성을 자연스럽게 계발시켜야 한다는 신념을 소설 형식으로 묘사했습니다. 다시 말하면 자연 상태로 살고 있는 자연인이 아니라, 사회에서 살고 있는 자연인의 교육을 문제 삼은 거예요. 주인공 에밀은 스스로의 욕망이 인위적인 규제를 통하여 제한되지 않게, 그러나 동시에 자기 자신의 힘에 의해서 실현 불가능한 욕망을 갖지 않도록 교육을 받습니다. 욕망이 비대해지면 그것을 채우기 위해서 타인의 힘을 필요로 하게 되고, 상호의존과 인간에 의한 인간의 지배가 필연적으로 발생하기 때문입니다. 욕망과 능력 사이의 불균형이야말로 불행의 씨앗입니다. 참으로 자유로운 인간은 자신이 할 수 있는 것만 원하며

『에밀』의 삽화.
교사가 학생에게 자연을 발견하고 자연이 주는 가르침을 따라 살아가야 한다고 설명하고 있다.

자신의 필요와 욕망을 충족시키기 위해서 노동을 배웁니다. 노동은 사회적 인간의 의무입니다. 그렇기에 순박한 인민은 인위적인 교육을 별로 필요로 하지 않아요. 오히려 부자나 지배자가 가장 많은 교육을 받아야 합니다. 상호의존과 지배를 벗어나 본연의 인간으로 환원하는 것이 교육의 목표니까요. 인간은 태어나면서부터 국왕이나 귀족, 혹은 지주였던 게 아닙니다. 모두 벌거벗은 가난한 인간으로 태어나요. 그리고 모든 인간은 어느 땐가 한 번 죽게 됩니다. 고통을 감수하는 존재로서의 자신을 알고 타인의 고통 속에서 자신의 고통을 함께 느끼는 인간이 되어야 합니다.

이 책의 주인공인 에밀은 부유한 귀족 집안의 고아입니다. 건강하고 중간 정도의 재능을 가진 그는 일반 아동들의 모습을 대변합니다. 에밀은 아동의 시기에는 주로 신체 교육을 받습니다. 모든 지식은 감각을 통해서 얻어지므로 건강한 신체가 매우 중요합니다. 12살이 되면서부터 정신 교육을 받는데 여기서도 지식의 습득보다는 사물의 원리를 스스로 깨우치게 하는 것이 중요합니다. 마지막 단계에서 실천적인 직업 교육을 받습니다. 교육을 마친 25세의 에밀은 소피라는 아가씨를 만나 사랑에 빠지는데 에밀은 이 여인의 성격을 파악하기 위해서 결혼 전에 함께 여행을 떠납니다. 소피는 남편에 뜻에 순종하는 착한 아내가 됩니다. 이 책과 연관하여 내가 마지막으로 강조하고 싶은 것은 자연적인 교육이 아동들을 멋대로 놓아두는 방임 교육과는 다르다는 점입니다.

선생께서 이 소설을 통해 제시하려 했던 교육의 목표와 방식을 좀 더 간단하게 요약해주시면 좋겠습니다.

루소: 교육의 목표는 노동을 중시하고 조국과 평화를 사랑하는 자각적이고 이성적인 인간의 형성이며, 그 방식은 자연에 의한 교육, 인간에 의한 교육, 사물에 의한 교육입니다.

칸트: 교육자의 역할은 주로 무엇입니까?

루소: 교육자의 역할은 아동들이 가능한 한 외부의 영향을 받지 않고 스스로의 능력을 계발하도록 도와주는 소극적인 차원에 머물러야 합니다. 모든 악과 오류는 인간의 제도를 통하여 외부로부터 오는 것이기 때문입니다. 아동들의 성향은 이성보다 감정이나 정열에 의존하기 쉬우므로 조급하게 이성적인 사고를 강요하면 안 됩니다. 나쁜 정열과 좋은 정열의 구분은 원래 없습니다. 정열이 인간을 지배할 때는 나쁘지만 인간이 정열을 억제할 때에는 거의 모든 정열이 좋은 것으로 간주되지요. 아동들에게 놀이하는 시간을 많이 주는 것도 좋은 방법 중 하나입니다. 결론적으로 말하면 아동들로 하여금 자연의 필연적인 법칙을 파악하고 거기에 순응하도록 교육하는 것이 교육자의 중요한 역할입니다.

볼테르: 아동들의 심리 상태를 잘 파악하여 상처받지 않도록 자연적으로 계발하라는 선생의 교육론은 유해한 것 같지 않군요. 그런데 왜 이 책 때문에 정부와 종교계로부터 지탄을 받고 도피 생활을 했나요?

루소: 만인이 선하게 태어난다는 나의 인간관이 기독교의 원죄설에 어긋나며, 감정과 정열을 억제하는 금욕주의적 인간관에 내가 반기를 들었기 때문입니다. 인간의 절대적인 자유와 평등을 추구하는 나의 이념이 당시의 지도층에 불안감을 안겨주었고요. 특히 앞에서 언급한 '사부아 보좌주교의 신앙고백'이 문제된 것 같습니다. 이 책의 마지막 부분에서 나는 무분별한 사냥으로 농민들에게 피해를 주는 귀족들의 파렴치한 행동을 비난했는데요. 그것 역시 귀족들의 미움을 산 것 같습니다. 나는 인간의 양심을 성서나 사회적 규정보다 더 높이 평가했습니다. 그 때문에 예수회파 신도들과 귀족들이 단합해서 나를 박해한 거지요. 온갖 모욕을 퍼부으면서 말입니다. 부도덕한 놈이다, 무신론자다, 미친놈이다, 미친개에게 물린 놈이다, 야수다, 늑대다…… 다 옮기기도 힘듭니다. 하지만 나는 "앞날에 어떤 박해가 기다리고 있든 진리를 위해 고난을 당하는 영광의 길에 들어선 것은 분에 넘치는 행복이다"라고 생각하며 오히려 자긍심을 갖게 되었습니다.

칸트: 루소 선생님의 이야기를 들으니 선생님은 유신론자 같기도 하고 범신론자 같기도 하고 무신론자 같기도 하여 혼란스럽습니다.

볼테르: 맞습니다. 그래서 나도 애매모호한 루소 선생의 종교적인 입장을 비판했어요. 리스본의 지진에 관한 나의 시를 읽고 루소 선생은 나를 무신론자라고 혹평했는데요. 나는 그때 마음속으로 루소는 단순한 바보가 아니라 악의에 찬 바보라고 생각했습니다.

루소: 생각은 자유니까요. 나도 마음속으로 볼테르가 유신론자를 가장한 무신론자이기 때문에 위선자라고 생각했습니다.

리스본의 지진에 관한 볼테르 선생님의 시는 어떤 내용이었나요?

볼테르: 내가 제네바에 도착한 1755년 11월 1일에 3만 명 이상의 인명을 앗아간 지진이 리스본에서 발생했습니다. 하필 이 날은 공교롭게도 성인의 영혼을 기리는 축일이었어요. 당연히 교회 안은 신도들로 붐볐고, 그 때문에 더욱더 많은 희생자를 내고 말았습니다. 프랑스 성직자들은 이 재난을 리스본 주민들의 죄에 대한 신의 징벌이라고 해석했는데요. 루소 선생도 그랬을 것 같습니다. 루소 선생은 평소에 모든 재앙은 신이 아니라 인간에게 책임이 있다고 생각했잖습니까? 이러한 해석을 전해 듣고 나는 화가 났습니다. 그래서 "신은 재난을 방지하고 싶지만 방지할 능력이 없는가?"라는 주제로 시를 지어 성직자들의 해석을 반박했습니다. 하느님이 세상을 만들었기 때문에 모든 것은 결국 좋게 된다는 낙천주의는 기만입니다. 모든 것이 좋았으면 하는 것은 인간의 소원이지만 현실은 다릅니다. 그렇다고 모든 것을 단순하게 신의 섭리로 돌리는 세계 해석은 더욱 부당하고요. 이성을 가진 인간은 이성적으로 세계의 본질을 파악할 줄 알아야 합니다. 나는 시에서 "리스본은 가라앉는데 파리는 탐욕적으로 춤추고 있구나!"라고 썼습니다. 독일의 철학자 라이프니츠가 중심이

〈1755년 지진의 알레고리〉.
왼쪽 위 구석에 천벌을 의인화한 천사가 불타는 검을 들고 있다.

『캉디드』에 삽입된 일러스트.
캉디드와 카캄보가 사탕수수 압착기에 다쳐 불구가 된 노예와 이야기하고 있다.

되는 낙천주의에 대한 비판은 소설 『캉디드』*에서 시도했고요.

두 분의 논쟁에 대하여 칸트 선생님은 어떻게 생각합니까?

칸트: 당시 여섯 살이었던 괴테도 지진 소식을 듣고 한순간 신앙이 흔들렸다고 말했습니다. 지진과 같은 자연의 재앙이나 전쟁과 같은 인위적인 재앙을 둘러싸고 신의 능력이나 역할에 관한 논쟁이 철학적으로 많이 나타났어요. 그것이 이른바 변신론(Theodizee)**입니다. 기독교 신학에 의하면 신의 속성은 전지, 전능, 전선입니다. 신은 세계를 무에서 창조했기 때문에 세계가 창조되기 전에 악은 존재하지 않았습니다. 그렇다면 지상에 존재하는 자연의 재앙이나 인간이 범하는 악은 어디서 나왔을까요? 이에 대한 설명으로 신학자들은 인간의 자유의지를 들고 있습니다. 다시 말하면 만물을 창조하고 인간을 창조한 신은 인간을 사랑하여 인간에게 자유를 주었는데 인간은 이러한 자유를 잘못 사용하여 죄를 범했고 그러므로 세상의 악은 순전히 인간 탓이라는 이야기입니다. 바로 인간의 원죄설이죠. 그러나 철학자들은 이러한 해석에 만족하지 못합니다. 신이 존재한다고 가정하더라도 신이 인간에게 자유를 줄 때 이 자유를 결국 인간이 잘못 사용하리라는 것을 미리 알았느냐 몰랐느냐의 문제를 제기하는

---

* 철학적 풍자 소설로 당시의 지배계급이었던 로마 가톨릭교회 예수회 와 종교재판소 등 성직자들의 부패상을 묘사해 큰 파문을 일으킨 작품이다. 당대에 논란이 되었던 철학사상을 염두에 둔 것으로 볼테르는 '순박한' 캉디드를 통해 당시의 정치 철학 종교 등을 신랄하게 풍자했다.

** 세상에 존재하는 악(惡)에 대한 책임을 신이 져야 한다는 주장에 대하여, 악의 존재가 이 세상의 창조주인 신의 의지에 반(反)하는 것이 아니라고 신을 변호하는 이론. 독일의 라이프니츠가 제창했다.

거예요. 몰랐다면 신의 속성인 전지와 어긋나지 않습니까? 신은 과거나 현재뿐만 아니라 미래에 나타날 일도 모조리 알아야 되니까요. 알고도 주었다면 그것은 신의 특성인 전선과 어긋납니다. 선한 신이 인간에게 장난삼아 시험을 했을 리 없습니다. 그리고 인간의 잘못으로 생겨난 악을 신은 전능으로 금방 없애버릴 수도 있습니다. 인간의 악과 함께 자연의 재앙이라는 문제도 등장합니다. 자연에는 신비와 조화만이 있는 게 아닙니다. 수많은 질병과 해충도 있고 북극의 해안에서는 발을 담그고 먹이를 찾던 새들이 갑자기 물이 얼어버리는 바람에 죽는 경우도 발생합니다. 이때 신은 어디에 있으며 무슨 생각을 하고 있느냐는 의문이 제기되지요. 여하튼 자연재해나 악의 문제는 쉽게 해결되지 않습니다. 그러므로 페르시아의 어떤 종교에서는 악과 선을 주재하는 두 신이 있다고 믿습니다. 신의 뜻을 인간이 알 수 없고 그것을 알려고 하는 것 자체가 인간의 오만이라고 종교인들이 변명하지만 그것은 인간을 생각과 이성이 없는 바보로 만드는 결과를 초래할 뿐입니다.

루소 선생님, 선생님이 쓰신 소설 『신 엘로이즈』도 교육 문제와 관련이 있나요?

루소: 그렇다고 말할 수 있습니다. 나는 이 소설에서 귀족 처녀 쥘리와 그의 가정교사인 생 프뢰 사이의 사랑 이야기를 다루었습니다. 중세의 엘로이즈와 그의 가정교사였던 아벨라르의 비극적인 사랑과 비슷하기 때문에 소설 제목을 그렇게 달았고요. 중세의 철학자였던 아벨

라르는 그가 가르치는 소녀 엘로이즈와 사랑에 빠집니다. 엘로이즈의 숙부였던 주교는 화가 나 하인들을 시켜 아벨라르의 성기를 잘라 버렸다는 이야기를 여러분도 알고 있을 것입니다. 귀족인 쥘리의 아버지도 딸이 평민인 생 프뢰와 결혼하는 것을 절대 반대합니다. 쥘리는 아버지의 뜻에 따라 무신론 철학자인 볼마르 남작과 결혼합니다. 쥘리는 나이 차이가 많이 나지만 자기를 사랑하고 신뢰하는 남편을 도와 농장을 이성과 도덕이 지배하는 작은 공화국처럼 만듭니다. 남편은 생 프뢰에게 자기 영지에서 와서 두 아이를 가르치면서 같이 살자고 권유해요. 쥘리와 생 프뢰 사이에 다시 한 번 사랑이 불타오르려 하나 아내의 본분을 자각한 쥘리는 유혹을 물리칩니다. 남편과 생 프뢰가 이탈리아 여행을 간 사이에 쥘리는 산책을 하던 중 물에 빠진 아이를 구하려다 얻게 된 고열로 죽게 되는데요. 임종을 앞둔 쥘리는 생 프뢰에게 과부가 되어 함께 살고 있는 자신의 사촌 클라라와 결혼해달라고 부탁합니다. 이 소설에서는 정열적인 감정과 도덕적인 교훈이 서로 균형을 이루는데요. 바로 정열과 덕에 대한 찬양입니다. 그것 때문에 교육과 결혼의 문제가 다루어지는 것이지요. 젊은 처녀들은 사랑에 의해 정복되지만 나이가 든 부인은 사랑의 정열을 정복하고 다시 덕이 있는 여인이 된다는 이념이 핵심입니다. 아름답고 순수하고 단순한 자연 속에서 피어나는 순박한 청춘남녀들의 사랑을 묘사한 이 소설은 많은 성공을 거두었고, 그 덕분에 나는 귀족들에게 굽실거리지 않고도 생활할 수 있는 경제적인 여유를 갖게 되었습니다.

O grand Être! Être éternel, — Je le sais je m'en réjouis, je vais paroître devant ton trône.

T. IV. Lettre XXII.

『신 엘로이즈』내의 삽화로 임종을 앞둔 쥘리의 모습을 묘사했다.

루소 선생님의 소설들이 독일문학에 어떤 영향을 미쳤습니까, 칸트 선생님?

칸트: 독일에서는 계몽주의 문학에 대한 반발로서 감상주의 문학, 질풍노도의 문학이 나타났습니다. 괴테도 청년시절에 이 같은 문학 운동에 동참했고요. 그의 유명한 소설『젊은 베르테르의 슬픔』에는 확실히 루소 선생님의 영향이 엿보입니다. 전원적인 삶, 청년의 감수성, 소박한 민중의 정서뿐만 아니라 봉건적인 위계질서에 도전하는 정신을 묘사한 루소 선생님의 소설이 그 후에도 진보적인 낭만주의 문학에 많은 영향을 미쳤다고 봅니다.

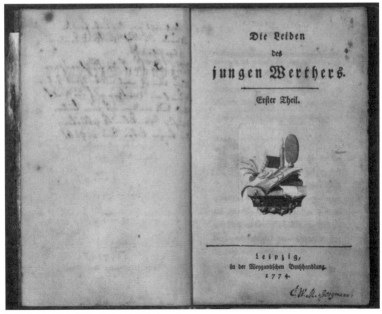

『젊은 베르테르의 슬픔』 초판본 타이틀 페이지

'진보적인 낭만주의'란 무엇인지요? 사실주의와 연관해서 자세하게 설명해주시면 좋겠습니다.

퍼시 비시 셸리

칸트: 인간의 삶에서는 항상 현실과 이상이 중요하지요. 너무 현실에 치우치면 발전이 없고, 너무 이상에만 치우치면 실속이 없습니다. 철학에서도 현실에 중점을 두는 유물론이 자칫 무미건조한 삶을 지향한다면, 이상에 눈을 돌리는 객관적 관념론이나 자아도취적인 주관적 관념론은 공허한 개념이나 환상의 유희로 끝나기 쉽습니다. 현실과 이상이 항상 조화를 이루어야 하는 이유입니다. 물론 그 경우에도 현실이 중심이 되어야 하지요. 다시 말하면 현실에 발을 붙이고 미래를 바라보아야 합니다. 문학이나 예술 경향에서 현실을 중시하는 방향이 사실주의이고 이상이나 환상을 중시하는 방향이 낭만주의입니다.

알바니아 의상을 입은 **바이런**
(1835년경의 초상화)

　서구에서 낭만주의는 계몽주의 문학사조에 대한 반작용으로 나타났습니다. 계몽주의가 민중 예술을 인정하고 합리적인 시민사회로의 발전을 추구한 반면 낭만주의는 이에 두려움을 느끼고 중세와 같은 과거로의 복귀를 통해서 인류의 행복을 추구하려 했습니다. 그러나 낭만주의 안에도 두 개의 다른 경향이 나타났어요. 민중, 애

바실리 트로피닌이 그린
알렉산드르 푸시킨(1827)

노발리스

요제프 폰 아이헨도르프

국심, 자유를 구가하는 적극적이고 진보적인 방향이 있는가 하면 과거나 주관적 신비주의, 남녀 간의 애틋한 사랑 등으로 도피하는 소극적이고 퇴영적인 방향이 있었지요. 영국의 시인 셸리(Shelley)*와 바이런(Byron),** 러시아의 시인 푸시킨(Pushkin)*** 등이 전자에 속한다면 독일의 시인 노발리스(Novalis)****나 아이헨도르프(Eichendorff)*****는 후자에 속합니다. 자본주의의 발전이 예술에 적대적이라는 사실을 부각시키면서 시민사회를 비판하는 점에서 낭만주의의 공적이 나타나지만 과거나 신비적인 세계로 도피하려는 낭만주의는 민중의 정치의식을 마비시키는 역할을 합니다. 물론 나는『판단력비판』에서 순수예술을 옹호하는 주장을 펼쳤지만 그 뒤에 나타난 예술의 발전

---

* 셸리(Percy Bysshe Shelley, 1792~1822)는 19세기 영국의 낭만파를 대표하는 시인이다. 이상주의적 인류애를 표현하는 시를 주로 썼다. 작품에 극시「사슬에서 풀린 프로메테우스」, 서정시「종달새에게」,「구름」등이 있다.

** 바이런(George Gordon Byron, 1788~1824)은 낭만파를 대표하는 영국 시인으로 자유분방하며 유려(流麗)한 정열의 시를 써 열광적인 인기를 얻었다.「차일드 해럴드의 편력(遍歷)」으로 신진 시인으로서의 명성을 얻고, 방랑하는 청년 귀족으로서 유럽 대륙을 편력했으나 그리스 독립 전쟁에 지원하여 객사한다. 극시「맨프레드」, 장시(長詩)「돈 후안」등이 유명하다.

*** 푸시킨(Aleksandr Sergeyevich Pushkin, 1799~1837)는 제정 러시아의 시인이자 소설가다. 러시아 리얼리즘의 기초를 확립하여 러시아 근대 문학의 시조로 불린다. 작품으로「예브게니 오네긴」,「대위의 딸」등이 있다.

**** 노발리스(Novalis, 1772~1801)는 독일의 시인이자 소설가다. 초기 낭만주의의 대표적 인물로서 신비와 꿈, 죽음 등의 초자연적인 세계를 그렸다. 작품에 서정시「밤의 찬가」, 소설「푸른 꽃」이 있다.

***** 아이헨도르프(Joseph von Freiherr Eichendorff, 1788~1857)는 독일의 시인이자 소설가다. 후기 낭만파를 대표하는 문학가로서 사랑과 경건을 기조로 하는 민요조의 서정시를 썼다. 작품으로 소설「어느 건달의 생활」,「봄과 사랑」등이 있다.

과정을 음미해볼 때 나의 주장을 수정하고 싶은 생각이 들었습니다. 나는 예술이 종교나 자본과 같은 외부 압력을 벗어나 독자적이 되라는 의미에서 순수예술을 지지했는데 나중에 기득권을 가진 자들이 사회 발전을 가로막고 현상 유지를 위한 도구로써 순수예술을 이용할 줄을 누가 알았겠습니까?

루소 선생님, 선생님은 평생 민중을 사랑했고 민중을 위한 책을 썼습니다. 그런데 선생님이 프랑스와 제네바의 공권력에 의한 박해를 피하여 뇌사텔로 도피했을 때 당국은 환영을 했습니다만 점차 민중은 선생님을 반대하는 움직임에 동참했지요. 이런 모습을 보고 실망하지 않으셨나요?

루소: 프랑스, 제네바, 뇌사텔의 의회는 나의 저술을 불법적인 것으로 낙인찍었고, 고등법원이나 검찰청은 실제로 위협을 가했습니다. 제네바 검사장 트롱생은 「전원에서의 편지」라는 글을 써서 이러한 조치들이 정당하다고 주장했습니다. 나는 이에 대한 반박문으로 「산에서의 편지」를 발표했습니다. 그러나 적들은 이 글을 통해 더욱 광분하게 되었고 뇌사텔의 목사들은 암암리에 민중을 충동했습니다. 순진한 사람들이 밤에 내 집 주위에 몰려들어 돌을 던졌어요. 내가 평생 애정을 쏟았던 민중의 따돌림을 받고 물론 처음에는 실망이 컸습니다. 가슴이 찢어지는 듯했지요. 그러나 민중은 소박하기 때문에 선동가들에 의해 사주된 것이고 나는 그것을 알았기에 민중에 대한 근본적인 사랑이나 믿음을 버리지 않았습니다. 나는 자신의 안일이나

명예보다도 인류의 행복을 더 염원했거든요.

감사합니다. 선생님에게 마지막으로 질문하겠습니다. 선생님이 이상으로 삼은 교육이 오늘날 미국 실용주의 교육에서 강조하는 '아동 중심의 교육'과 비슷한 차원에 있습니까? 다르다고 한다면 그 차이는 무엇입니까?

루소: 내가 이해하기로 실용주의 교육은 아동들의 호기심을 중심으로 아동들에게 바람직한 시민이 될 수 있는 자질을 실천적으로 가르치는 데 목표를 둡니다. 아동의 능력을 최대한으로 계발시키는 데 반대할 사람은 없을 것입니다. 나도 그것을 주장했으니까요. 그러나 내가 이상으로 하는 인간은 모든 불평등이 사라진 사회에서 자연스럽게 살아가는 도덕적인 인간인 반면 실용주의가 추구하는 이상적인 인간은 경제적인 불평등이 중심이 되는 자본주의 사회에 잘 적응하는 시민이라는 데서 근본적인 차이가 나타납니다. 실용주의 교육은 아동들에게 정신적인 교육보다도 직업 훈련과 연관되는 실천적인 학습을 권장하면서 왜 노동자는 계속 노동자가 되고 자본가는 자본가가 되어야 하는가를 묻거나 의문시해서는 안 되며 다만 어떻게 노동을 잘할 수 있는가를 배워야 한다고 강조합니다. 어떻게 사는 것이 올바르게 사는가를 물어서는 안 되고 모든 수단을 동원하여 잘살 수 있는 방법만을 배워야 한다는 취지죠. 노동자는 자기의 본성상 노동자가 될 수밖에 없었다고 생각하며 자본가가 정해주는 방식에 따라 열심히 일하고 그것이 인류를 위해서 봉사하는 길이라고 믿어야 합

니다. 이러한 교육에 길들여진 사람은 아무런 불평도 없이 기계처럼 일하고 거기에 만족하는 인간이 됩니다.

그러나 내가 이상으로 하는 인간은 자연스럽게 일하고, 자연스럽게 연구하고, 자연스럽게 생각하는 인간입니다. 생각할 줄 아는 철학적인 인간이죠. 이러한 인간은 자연 상태에서 평등했던 인간의 권리가 침해되고 인간이 인간을 착취하는 자본주의 사회에 결코 만족하지 않을 것입니다. 실용주의는 일정한 목적을 수행하는 데 도움이 되는 수단을 선택하고 방해가 되는 수단을 제거하도록 가르치는 것이 교육의 과제라고 주장해요. 목적은 관심에서 나오고 관심은 본능과 습관에서 나오기 때문에 교육의 과제는 목적 달성에 적합한 수단을 선택하고 응용하도록 도와주는 데 있다는 것입니다. 결국 목적이 수단을 합리화하게 됩니다. 그리고 실용주의 교육이 강조하는 행동 강령의 설정 기준은 유용성입니다. 진리 대신에 유용성이 행동을 이끌어가는 잣대가 되는 거예요. 그러나 내가 강조하는 이상적인 인간은 개인이나 집단의 유용성에 따라 행동하는 인간이 아니라 일반의지에 따라 행동하는 인간입니다. 일반의지는 개인의 이기적인 의지가 종합된 것이 아닙니다. 개인과 사회가 공통적인 목표 아래 통합되는 의지죠. 이러한 의지를 인식하려면 사회 구조와 역사 발전에 관한 보편적인 지식, 다시 말해 사회 철학과 역사 철학을 습득하는 것이 필수적이에요. 실용주의가 말하는 것처럼 개인의 본능이나 습관에 의지하는 게 아니고요. 내가 제일 싫어하는 것 중 하나가 이익을 계산하며 행동하는 것입니다. 실용주의 교육을 받은 사람들은 자국의 이익을 위해 약소국가를 침략하는 전쟁에 자발적으로 참여하겠지만 내가 주장하는 교육을 받은 사람들은 만인의 평등사상에 의거하여 그러한 침략 전쟁에 단호히 항거하고 침략을 주도하는 자국 정부를 혁명으로 무너뜨릴 것입니다. 결론적으로 말하면 실용주의 교육과 내가 이상으로 하는 교육은 겉으로는 유사해 보이지만 본질에서는 많은 차이가 납니다.

역사 철학_인류의 역사 연구에 철학이 필요한 까닭

이번에는 좀 특별한 주제인 역사 철학을 다루어볼까 합니다. '역사 철학'이라는 말은 볼테르 선생님의 저술에서부터 시작되었다고 알고 있습니다. 볼테르 선생님이 자신의 저술을 중심으로 왜 역사 연구에서 철학이 필요한가를 설명해주시기 바랍니다.

볼테르: 평소 역사에 관심이 있었던 내가 역사 연구에 더 관심을 갖게 된 계기는 에밀 때문입니다. 시레에 머무는 동안 에밀이 종래의 역사서에 대한 비판적인 글을 쓴 일이 있습니다. 에밀은 정치적인 인물들을 중심으로 쓴 역사가 일반 사람들에게 무슨 관심이 있겠느냐고 나에게 말했습니다. 나는 그녀의 의견에 동의하면서 철학을 역사에 적용하고 정치적 사건의 흐름 속에서 인간 정신의 발전 과정을 추출하려 했습니다. 철학이 결여된 역사는 우화와 사실이 무비판적으로 뒤섞여 있는 이야기에 불과하다고 생각했기 때문입니다. 나는 한때 궁정의 역사 편찬관으로 복무했는데요. 그러한 경험을 바탕으로 『러

성 아우구스티누스
(안토니오 로드리게즈 작)

자크 베니뉴 보쉬에

시아사』, 『샤를 12세전』, 『루이 14세의 시대』, 『루이 13세의 시대』 등의 역사서를 저술했습니다. 나는 모든 역사에서 공통적인 하나의 발전 요소가 있다는 것을 깨닫고 그것을 찾으려 노력했습니다. 인류의 문명사 전체를 한 가닥의 실로 꿰뚫을 수 있는 통일 원리를 추적한 거예요. 이러한 원리를 추적하면서 기술되는 역사란 제왕들의 역사가 아니라 민중이 중심이 된 사회 세력의 역사이며, 한 나라의 국민보다 인류를 안목에 두고, 전쟁이 아니라 인간 정신의 진전을 다루는 역사이어야 합니다. 이렇게 해서 나는 『각 민족의 풍습과 정신에 관한 연구』(1756)라는 책을 냈는데 여기서 내가 '역사 철학(Philosophie de l'Historie)'이라는 말을 사용했습니다. 나는 철학자만이 참된 역사를 쓸 수 있다고 주장했어요. 역사의 발전에서 신의 개입이나 기적 또는 우화 같은 요소를 완전히 배제하고, 역사 발전을 철저하게 이성적이고 자연적인 방식으로 규정해야 한다는 사실을 강조했습니다. 역사는 자연과 마찬가지로 항상 어떤 법칙에 따라 변화합니다. 역사를 변화시키는 주요 요인은 자연, 제도, 인간의 이성입니다. 종교는 정치와 마찬가지로 인류의 문화가 발전되면서 나타난 일종의 사회적 산물에 불과합니다. 당시까지 서구에서는 아우구스티누스의 역사 신학에 기초를 둔 보쉬에(Bossuet)*

---

* 보쉬에(Jacques-Bénigne Bossuet, 1627~1704)는 프랑스의 가톨릭 신학자이자 설교자다. 프

의 보편 역사론이 지배적이었습니다. 보쉬에에 의하면 역사 발전은 신의 섭리에 따라 이루어집니다.

　나의 역사 철학은 이에 대한 정면 도전이었어요. 나는 모든 민족의 갈등과 몰락을 신의 섭리로 보는 기독교 중심의 역사관에 반대하여 인류의 발전을 유대인 이전부터 설명하고, 종교의 기원을 고대 동양 민족에서 찾았습니다. 신에 의해서 선택된 유대 민족이 역사의 시발을 이루는 것이 아니라 고대 동양, 곧 중국이 역사의 시발점이 되며 서양은 중국으로부터 많은 것을 배웠다는 것입니다. 종래의 역사관에서 주(註)로 격하되었던 중국, 인도, 페르시아의 역사와 종교가 이제 역사 고찰의 중심적인 텍스트로 들어섰습니다. 이에 따라 상대적으로 모든 기독교 교리와 기독교 역사관은 빛을 잃었으며, 유럽 문화는 세계 문화의 한 요소로 떨어졌습니다. 중국에 대한 나의 서술엔 성서적인 창조의 신화를 무너뜨리려는 의도가 간접적으로 들어 있습니다. 이러한 엄청난 시도를 감행하는 데 있어서 내가 내세운 논거는 야만 대신에 문명의 편을 든다는 것입니다. 나는 중국의 역사가 『구약성서』에 나타나는 사건들보다 더 오래되었고 방자한 유대인의 역사보다 훨씬 더 우월하다고 생각합니다. 그래서 유대 민족의 역사를 더없이 잔인하고 야만적인 역사로 낙인찍었지요. 잔인했던 유대 민족의 역사에 비해 중국의 역사는 말할 수 없이 고귀합니다. 나는 침실에 공자의 초상화를 걸어놓고 유대인의 선지자보다 훨씬 더 위대한 현인으로 존경했습니다. 이러한 나의 역사관을

랑스 교회의 자유와 절대군주제를 변호했다. 저서로 『철학 입문』, 『세계사 서설』 등이 있다.

1687년 프랑스 파리에 소개된 공자의 일대기 『공자생활의 성취』의 일부

유럽인은 용서할 수 없었고, 파리의 학자들과 성직자들의 증오는 날로 높아갔습니다.

(일동 우레 같은 박수)

여기가 동양이어서 볼테르 선생님이 더 많이 환영을 받는 것 같습니다. 참고로 말씀드리면 볼테르 선생님은 「중국 고아」*라는 희곡도 창작했습니다. 그럼 역사 철학의 대가이신 헤겔 선생님의 견해를 인터넷을 통해 들어볼까요?

(화면에 헤겔 등장)

헤겔: 안녕하십니까? 중요한 논쟁에서 발언할 수 있는 기회를 주어 감사합니다. 역사 연구는 역사의 발전에서 '한 가닥의 실로 꿰뚫을 수 있는 통일 원리'를 찾아야 한다는 볼테르 선생님의 의견에 근본적으로 동의합니다. 물론 볼테르 선생님 이전에도 그러한 시도가 없었던 것은 아니에요. 그리스인들은 역사는 항상 되돌아온다고

헤겔

---

* 『중국 고아』는 볼테르가 원전으로 지목한 『조씨 고아』의 번안물이다. 『조씨 고아』는 13세기에 활동한 희곡작가 기군상의 작품으로 북경에 왔던 프랑스 예수회 신부 조제프 앙리 프레마르가 1731년에 프랑스어로 번역하면서 소개되었다. 볼테르의 『중국 고아』는 한국에서도 번역본을 읽을 수 있다(『중국 고아』, 볼테르 지음, 이봉지 옮김, 지만지, 2015).

생각했기 때문에 발전적인 역사를 생각하지 않았지만 중세 신학자들은 인류의 창조에서 심판에 이르는 과정을 제시했으며, 그것을 토대로 볼테르 선생님이 언급한 보쉬에는 신의 섭리에 따르는 세속적인 역사 발전을 가정했습니다. 프랑스 계몽 철학자들은 역사를 이성적인 사회를 지향하는 발전으로 파악했고요. 나는 인간의 머릿속에 들어 있는 이성이 아니라 인간을 떠나 독자적으로 존재하는 절대 정신으로서의 이성을 가정하고 그것의 발전에 따라 자연과 인간이 발생한다고 주장했습니다. 나의 주장에 의하면 자연은 절대 이성의 발전에 따라 발생하는 부수적인 현상입니다. 나중에 맑스주의 철학자들은 나의 절대 정신 대신에 생산 방식을 들고 나오며 생산 방식과 생산 관계의 충돌에 의하여 역사가 발전한다고 주장했는데요. 여하튼 역사가 어떤 법칙에 따라 발전한다는 주장과 역사에는 발전 법칙이 있을 수 없고 우연만이 지배한다는 주장으로 역사 철학이 크게 갈라지는 것 같습니다. 역사에 발전이 없고 우연만이 존재한다면 인간은 미래를 예측할 수 없고 계획을 세울 수도 없을 겁니다. 모든 것을 순전히 우연에 맡겨야 하니까요. 나는 역사가 이성적으로 발전하며 역사 안에 필연적인 법칙이 존재한다고 생각합니다.

칸트 선생님도 역사 문제에 관심을 가졌습니다. 어떻게 생각하십니까?

칸트: 역사 철학은 인류의 역사에 시원과 종말이 있는가, 역사를 움직이는 추진력은 무엇인가, 역사 발전의 법칙이 존재하는가, 역사의 본질과 의미는 무엇인가? 등을 총체적으로 연구하는 매우 중요한 학문

입니다. 역사 철학은 철학 연구에서 매우 중요한 위치를 차지하며 역사 철학을 배제하는 철학은 인류의 미래에 대해 눈을 감으려는 근시안적인 철학이지요. 나도 역사 철학에 관한 저술을 많이 했는데 대표적인 것이 『세계 시민적 관점에서 본 보편적인 역사의 이념』입니다. 나의 역사 철학은 합리적인 시민사회를 완성시키려는 프랑스 계몽주의 역사관의 계승이기 때문에 볼테르 선생님과 이념상의 차이가 크게 나지 않습니다만 볼테르 선생님의 책을 읽고 무척 당황했습니다. 서구 정신에 대한 배반이라는 생각도 들었어요. 그러나 천재에게는 예외가 적용되므로 비판은 하지 않았습니다. 오히려 선생님의 용기와 박식에 박수를 보냈지요. 세계 평화는 세계 모든 민족의 존엄성이 동등하게 유지되어야 실현될 수 있으며 그러한 이념을 나는 『영구 평화론』*에서 제시했습니다.

루소 선생님의 생각을 들어보겠습니다.

루소: 문명을 비판하고 민중을 사랑했지만 나는 기독교 중심의 서구 전통을 벗어나지 않았습니다. 볼테르 선생님은 서재에 공자의 초상화를 걸어놓았다고 했는데 나는 그것이 좀 시대착오적이라 생각합니다. 역사 기술이 제왕을 중심으로 하는 정치사가 되어서는 안 된다는 볼테르 선생님의 의견에 동의합니다만 지식인 중심의 이념사에

---

* 1795년에 나온 칸트의 법철학서. 영구한 평화만이 정치상의 최고선(最高善)이며, 그 실현은 인류가 이성을 지니고 있는 한 노력을 계속하여야 할 도덕적·실천적 과제라고 논하여, 세계 역사 속에 영구 평화를 실현하기 위한 방도를 전개했다. 국제연맹과 국제연합의 설립에 크게 영향을 끼쳤다.

머물러서도 안 됩니다. 소박한 민중이 중심이 되는 민주적인 역사 기술이 필요해요.

루소 선생님의 의견에 덧붙여서 볼테르 선생님에게 질문하겠습니다. 선생님의 전기를 보면 선생님의 사상에 큰 영향을 미친 최초의 철학자가 17세기 프랑스 유물론 철학자 베일(Bayle)*임을 알 수 있는데요. 선생님은 일생에 걸쳐 봉건주의와 절대군주에 대항해서 투쟁했습니다. 봉건주의에 대항할 수 있는 가장 큰 무기가 유물론 철학입니다. 그런데 선생님의 철학에는 유물론적인 특성이 나타나지 않습니다. 물론 선생님의 『철학서간』에는 영국 초기의 유물론을 인정하려는 단초가 보입니다만, 그 유물론이 관념론으로 퇴보하는 과정이 서술되지 않았습니다. 또 이 책에는 영국의 지식인들을 칭송하는 내용으로 가득 차 있을 뿐 역사 발전을 주도하는 민중에 대한 기록은 보이지 않습니다. 당시 영국에서도 민중이 많은 고통을 겪었습니다. 이런 측면에서 볼 때 선생님의 사상에는 모순이 많다는 인상을 받았는데 선생님의 생각은 어떠합니까?

피에르 베일

볼테르: 사회자도 편견을 갖고 있는 것 같습니다. 물론 나는 개념적인 진리를 추구하는 순수 철학자는 아닙니다. 프랑스에서 이해하는 '철

---

*   베일(Pierre Bayle, 1647~1706)은 프랑스의 철학자로 데카르트의 회의 정신을 역사 영역에 도입했다. 저서로 『역사 비평 사전』이 있다.

학자(philosophe)'의 개념은 좀 다릅니다. 존재 문제와 인식 문제를 형이상학적으로 다루고 체계를 세우는 학자가 아니라 현실적이고 구체적인 문제에 눈을 돌리는 사상가로 인식합니다. 나도 철학을 유물론과 관념론으로 구분하지 않았어요. 따라서 실천과 연관되고 실천에 도움을 줄 수 있는 철학을 습득했고, 그것을 문학 작품 등을 통해 전달하려 했습니다. 많은 사람들이 비판하는 것처럼 나는 평민보다 귀족적인 생활에 더 물들었는지도 모릅니다. 그러나 나는 귀족사회에서 통용되는 관념, 권위, 전통을 비판하면서 모든 사람의 이익과 권리가 옹호되는 이성적인 사회를 지향했습니다. 시계공장을 설립하여 마을 주민들에게 일자리를 만들어주고 극장을 지어 민중을 계몽시키려 했던 것도 같은 맥락입니다. 그것이 어째서 민중의 사랑과 동떨어진 일입니까? 나는 항상 주어진 것으로부터 최선의 것을 얻어내려고 노력했습니다. 당시 상황에서 일반 사람들을 위해 나보다 더 많은 노력과 업적을 쌓은 사람은 아마 드물 겁니다. 사회자는 이상만을 중시하고 현실을 경시하는 것 같은데 현실을 떠난 인간은 단 한 순간도 존재할 수 없습니다. 칸트 선생이 말한 것처럼 인류의 역사는 이상과 현실의 조화 속에서 발전합니다. 타협과 중용이 필요한 이유입니다.

감사합니다. 볼테르 선생님의 충고를 염두에 두겠습니다. 그럼 선생님의 신상과 연관된 질문을 하나 하겠습니다. 선생님은 프랑스 정부로부터 박해도 많이 받았지만 나중에는 역사 편찬관, 왕실 고문, 학사원 회원 등의 지위도 부여 받은 것으로 알고 있는데요. 그런 것을 제쳐놓고 독일의 프리드리히 대왕의 초청에 응했다는 것이 일반적으로는 이해하기 힘든 선택으로 보입니다. 이에 대해 한 말씀만 해주세요.

볼테르: 내가 초청을 받고 베를린 근방의 포츠담으로 갔더니 프랑스 사람들 사이에서 비난의 목소리가 높아지더군요. 조국에 대한 배반이 아니냐는 목소리도 있었습니다. 하지만 그런 목소리는 그렇게 강하지 않았어요. 오히려 시원하게 생각하는 사람도 있었을 겁니다. 명예를 얻는 자에게는 항상 칭송하는 자와 질시하는 자가 나타나게 마련입니다. 대개 명예가 높아질수록 그런 사람들이 많아지죠. 다른 지역과 달리 유럽에서는 국가 사이의 장벽이 그렇게 높지 않았습니다. 프리드리히 대왕이 나를 초청한 가장 큰 목적은 자신의 궁정을 유럽에서 으뜸가는 정신적인 중심지로 만들려는 것이었습니다. 그 계획은 어느 정도 성공했고요. 많은 독일과 프랑스 학자 및 문인들이 그의 주위에 모였습니다. 그런 현상은 어느 나라를 막론하고 매우 바람직한 일입니다. 학자와 예술가들을 존중하는 나라만이 문화적 발전을 이룰 수 있으니까요. 나는 초청을 여러 번 거절했습니다. 쓸데없는 오해를 받기 싫었거든요. 그러나 대왕도 끈질겼습니다. 나중에는 나와 적대 관계에 있는 데다가 그다지 특출하지도 않았던 아르노 (B. d'Arnaud)와 같은 작가들을 초청했고 그들을 '뜨는 해'로 추켜세우며 나를 '지는 해'로 비하했지요.

나는 화가 나서 대왕의 생각을 직접 바꿔놓기로 결심했습니다. 물론 나의 의도가 100퍼센트 성공했다고 볼 수는 없어요. 내가 좀 성급한 기질이 있거든요. 그러나 나를 박해하고 추방했던 프랑스 사

프리드리히 대왕의 초청을 받아 독일에 간 볼테르

람들이 내가 조국을 배반했다고 비난하는 모습도 꼴불견이었습니다. 나는 차라리 시원하다는 생각도 했습니다. 프랑스에 있든 독일에 있든 광신이나 전제 군주, 비이성적인 것과 대항해서 싸우는 것이 나의 과제였으니까요. 그러나 프리드리히 대왕의 궁정에 휩쓸리면서 나는 근본적인 과제를 망각하는 경우가 종종 있었습니다. 작가나 철학자는 고독을 사랑해야 합니다. 고독한 사색 속에서만 훌륭한 작품이 나오니까요. 그런 의미에서 루소 선생이 나보다 현명했던 것 같습니다. 루소 선생은 자기의 과제를 잊지 않고 그것을 실현할 수 있는 환경을 찾아 나섰잖아요? 나는 현실을 이용해서 목적을 실현하려 했고요.

선생님의 사후에 러시아 여제가 선생님의 서재를 송두리째 매입했다는데 그게 사실입니까?

볼테르: 그렇습니다. 러시아 여제도 프리드리히 대왕 못지않게 선견지명이 있었습니다. 미래를 예견한 현명한 인물이었지요. 나의 장서들은 나중에 얼마나 커다란 가치를 지닌 보물이 되겠습니까? 몇 배의 값을 치르고라도 프랑스 궁정에서 매입해주는 것이 당연한 일이었지요. 역사는 많은 곡절을 겪으면서 흘러갑니다.

맑스주의를 제외한 현대 철학에서는 대부분 역사의 발전 법칙을 무시하며 역사 철학 자체를 도외시하는 경향이 있습니다. 그럼 여기서 『20세기의 역사 철학』이라는 2권짜리 저술을 내놓은 소련의 철학자 콘(I.

S. Kon) 선생님의 의견을 들어보겠습니다. 콘 선생님 나와주세요.

(콘 화면에 등장)

콘: 감사합니다. 사회자가 말하는 것처럼 실증주의, 실용주의, 분석 철학 등 대부분의 현대 부르주아 철학에서는 역사 철학의 가능성 자체를 부정하거나 경시합니다. 역사는 우연적인 사건의 결합에 불과하므로 거기에는 일정한 발전 법칙이 있을 수 없으며 학문적인 연구의 대상이 될 수 없다는 입장이지요. 이들 철학은 역사에서뿐만 아니라 자연, 사회, 인간 등 모든 존재 영역에서 작용하는 필연적인 법칙 자체를 인정하려 하지 않습니다. 그러한 법칙을 가정하고 추구하는 것이 낡은 형이상학이라는 주장인데요. 물론 역사 발전에는 자연에서와 같은 법칙이 존재하지 않습니다. 그러나 역사가 아무런 법칙도 없이 우연에 맡겨지는 것은 아니에요. 우연과 필연의 연관성을 무시하고 이들을 기계적으로 분리하는 것이 오히려 형이상학적인 사고방식입니다. 현재의 상태를 과학적으로 분석하여 미래를 예견하는 것이 철학, 과학, 역사 철학의 임무이고 그것이 없다면 인류는 어떤 계획도 세울 수 없으며 항상 불안하게 살아야 합니다. 개인은 물론 모든 사회 집단은 미래를 계획하며 살아갑니다. 그 계획이 어긋날 수도 있습니다. 그러나 어긋나지 않는 경우가 더 많습니다. 현

이고르 콘
(by Фестиваль "Бок о Бок"
©Wikimedia Commons)

대 부르주아 철학자들이 역사 철학의 가능성을 부정하는 것은 노동자를 역사 발전의 주역으로 내세우는 맑스주의 철학에 대한 반발과 두려움 때문인 것 같습니다. 맑스주의 철학이 주장하는 것처럼 역사가 과학적으로 발전하고 노동자가 역사 발전의 주역으로 등장한다면 자연히 부르주아지는 역사 발전의 뒷전으로 물러나지 않을 수 없기 때문입니다. 그러나 그것은 인류 전체의 행복을 바라보지 못하는 근시안적 사고입니다. 노동자와 지식인이 힘을 합해 이성적인 역사를 만들어갈 수도 있기 때문이에요. 인류의 철학이 추구해온 역사적인 이성이 거부된다면 이성적인 사회는 건설될 수 없습니다. 우리는 인류의 철학이 구축해온 이성을 새로운 사회 환경에 맞게 활용하는 방법을 찾아야 합니다. 나는 그것을 나의 저술에서 자세하게 밝혔습니다. 이성을 파괴하는 비합리주의적 세계관은 세계를 더욱더 혼란에 빠트릴 것입니다. 그런 의미에서 사회와 역사의 발전을 이성적으로 해명하려는 역사 철학은 현재에서는 물론 미래에서도 가장 중요한 철학 분야가 되어야 한다고 생각합니다. 역사 철학을 소홀히 하는 민족에게는 미래의 희망이 보이지 않습니다.

콘 선생님은 이 책 제1권에서 크로체(Croze),* 콜링우드(Collingwood),** 마

---

* 크로체(Benedetto Croce, 1866~1952)는 이탈리아의 철학자이자 역사가로 문예 평론지 《비평》을 창간하여 파시즘을 비판했다. 정신의 발전이 역사 철학에 결집된다고 주장하였으며 저서로 『역사 서술의 이론과 역사』, 『정신의 철학』 등이 있다.

** 콜링우드(Robin George Collingwood, 1889~1943)는 영국의 철학자이자 역사가다. 그의 사후 제자 녹스(T. M. Knox)가 수집하여 출판한 저서 『역사의 이데아』가 유명하다. 이 책은 특히 영어권의 역사 철학에 큰 영감을 주었다고 평가된다. 콜링우드는 역사를 '역사적 인물들의 생각을 재수집한 것'이라고 보았으며, 정치적으로는 이상적 자유주의를 지지했다.

이네케(Meinecke),* 토인비(Toynbee)** 등 서구 역사 철학자들을 비판했는데 비판의 주안점은 무엇입니까?

베네데토 크로체

콘: 서구 중심적인 입장에서 기독교 문화와 제국주의적 이념을 간접적으로 옹호하는 일이 세계 민중의 행복을 파괴한다는 것이었습니다.

감사합니다. 우리나라에도 선생님의 책이 번역되면 좋겠습니다. 루소 선생님, 선생님은 역사 발전의 중심을 민중에서 찾으려 하고 그것은 휴머니즘적인 측면도 지니고 있습니다. 그런데 선생님은 『사회계약론』에서 절대다수의 사람이 중심이 되는 정부 형태인 민주정치보다 선거에 입각한 귀족정치를 '최선의 그리고 가장 자연스러운 체제'라고 말했습니다. 민중보다 귀족을 더 신뢰한다는 의미는 아니겠지요?

로빈 조지 콜링우드

---

* 마이네케(Friedrich Meinecke, 1862~1954)는 독일의 역사가로 정치 사상사를 정신사적으로 고찰하여 일반 사상계에 큰 영향을 주었다. 제2차 세계대전 후에는 자유 베를린 대학의 초대 총장이 되었다. 저서로 『세계 시민주의와 국민 국가』, 『역사주의의 성립』 등이 있다.

** 토인비(Arnold Joseph Toynbee, 1889~1975)는 영국의 역사가이자 문명 비평가다. 결정론적 사관에 반대하여, 인간 및 인간 사회의 자유의지와 행위에 의하여 역사와 문화가 형성된다고 강조했다. 저서로 『역사의 연구』 12권과 『시련에 선 문명』, 『역사가가 본 종교관』 등이 있다.

아놀드 토인비

루소: 잘 지적했습니다. 나는 "민주정치 혹은 인민 정치의 정부만큼 국내의 내란이나 소요에 흔들리기 쉬운 정부도 없다"라고 말했습니다. 지금까지 참된 민주정치가 실현된 적이 없습니다. 민중의 능력이 부족해서가 아니라 민주정치 체제에서는 절대적인 힘을 가진 통치자가 존재하지 않기 때문인데요. 다시 말해 배를 움직일 선장이 없는 것입니다. 민중의 지지를 받으면서 민중을 결속시키는 구심점이 존재한다면 내란이나 소요도 없을 테지요. '세습적인' 귀족이 아니라 '선거에 의한' 귀족이 통치하는 정부에서는 인민의 사랑과 존경을 받는 제한된 수의 행정관들이 사회의 혼란을 방지하면서 나라를 발전시킬 수 있습니다. 물론 여기서도 행정관들이 스스로를 절제할 수 있는 도덕적 성향을 구비해야 한다는 전제가 깔려 있어야 해요. 덕이 밑받침되는 정치는 실현 불가능한 이상이라고 비판하는 사람도 있습니다만 우리는 최선의 형태를 택해야 합니다. 여하튼 권력이나 역사 발전의 중심에 민중이 들어서야 한다는 나의 신념에는 변함이 없습니다.

현대 철학자들의 평가_왜 루소와 볼테르인가?

우리의 토론도 마지막을 향해 나아가고 있습니다. 이번에는 루소 선생님과 볼테르 선생님에 대한 현대 철학자들의 의견을 들어보겠습니다. 시간 관계상 모든 현대 철학자들을 초대할 수 없어서 현대 철학의 양 방향을 대표하는 철학자 두 분을 모셨습니다. 유물론적인 철학 방향을 대표하는 엥겔스(Engels)* 선생님과 관념론적인 철학 방향을 대표하는 니체(Nietzsche)** 선생님입니다. 먼저 현대 철학의 유물론적 방향을 이끌어준 엥겔스 선생님을 모시겠습니다.

---

* 엥겔스(Friedrich Engels, 1820~1895)는 독일의 경제학자이자 철학자이며 정치가로 활동했다. 맑스의 정신적 물질적 후원자였으며 맑스와 협력하여 과학적 사회주의, 사적 유물론을 창시했다. 저서에 『독일 이데올로기』, 『경제학 비판 대강』, 『가족 사유 재산 및 국가의 기원』 등이 있다.

** 니체(Friedrich Wilhelm Nietzsche, 1844~1900)는 독일의 철학자이자 시인이다. 실존 철학의 선구자로, 기독교적 민주주의적 윤리를 약자의 노예 도덕으로 간주하고 강자의 군주 도덕을 찬미했으며, 그 구현자를 초인(超人)이라 명명했다. 근대의 극복을 위하여 "신은 죽었다"라고 선언하고, 피안적인 것에 대신하여 차안적인 것을 본질로 하는 생을 주장하는 허무주의에 의하여 모든 것이 전복된다는 가치 전환을 시도했다. 저서에 『비극의 탄생』, 『차라투스트라는 이렇게 말했다』 등이 있다.

(엥겔스 화면에 등장, 청중 박수)

엥겔스: 나는 맑스와 함께 맑스주의를 창시한 엥겔스입니다. 장가계에 서 펼쳐진 첫 번째 토론에도 등장했기 때문에 자기소개는 생략하겠 습니다. 루소 선생님은 탁월한 안목으로 철학의 핵심 문제를 건드렸

습니다. 바로 인간이 어떻게 행복해질 수 있느냐 의 문제인데요. 선생님은 추상이나 상상으로 도피 하지 않고 민주주의와 사유재산의 문제를 들고 나 왔습니다. 그러나 사유재산의 발생 과정은 물론 그 해결 방안을 과학적으로 제시하지 못했습니다. 루 소 선생님은 가난한 자들을 동정하는 수준에 머 물렀으며 정치·경제학을 깊이 연구하지 않았습니 다. 혁명을 통한 사회주의 실현 대신 이미 그 한계 가 드러난 사회계약론을 들고 나왔습니다. 선생님

프리드리히 엥겔스

의 철학에는 혁명적인 요소와 낭만적인 요소가 혼합되어 있는데 결 국 낭만적인 요소가 승리하고 말았습니다.

볼테르 선생님은 진보를 신뢰하며 낙관적이었지만 항상 엘리트 의 식을 벗어나지 못했고 가진 자의 편에 섰습니다. 시민사회의 실현 에 도움을 주었지만 시민사회의 모순을 간파하기엔 역부족이었던 것 같습니다. 그러나 당시의 시대적 한계성을 감안할 때 두 선생님 이 역사 발전에 지대하게 공헌한 것은 틀림없습니다. 나는 루소, 홀 바흐, 볼테르의 저술에 나타나는 18세기 프랑스 계몽주의의 이념을 노동자들에게 선전해준 영국 사회주의자들의 공적을 높이 평가한

적이 있습니다.

다음은 현대 부르주아 철학의 선구자인 니체 선생님을 모시겠습니다. 현대의 주요한 부르주아 철학인 실존주의와 실용주의는 물론 다른 철학들도 니체 선생님의 철학으로부터 많은 영향을 받았습니다.

(화면에 니체 등장, 청중 박수)

프리드리히 니체

니체: 나는 이미 〈장가계 포럼〉에 주연으로 등장하여 많은 비판을 받은 바 있습니다. 그 포럼을 시청한 분들은 나의 정체를 꿰뚫고 있을 줄 압니다. 그러므로 여기서는 엥겔스 선생님처럼 일반적인 언급을 하는 대신 나의 저술에 나타나는 루소와 볼테르 선생님에 대한 언급을 몇 가지 생각나는 대로 소개하겠습니다.

▷ "루소에 의해서 계몽의 정신과 진보적인 발전이 오랫동안 기피되었다." (『인간적인, 너무나 인간적인』)

▷ "루소와 같은 인간들은 자신들의 약점, 허점, 악을 재능의 거름으로 사용할 줄 알았다." (『인간적인, 너무나 인간적인』)

▷ "루소에 관해서 전해지는 모든 것은 가짜이고 과장된 것이다." (『우상의 황혼』)

▷ "나도 '자연으로 돌아가자'고 말하지만 그것은 뒤로 가는 것

이 아니라 위로 올라가는 것이다." (『우상의 황혼』)

▷ "프랑스혁명에서 내가 증오하는 것은 루소 식의 도덕성이다."
(『우상의 황혼』)

▷ "자연이 선하다는 루소의 논리는 인간의 타락에 대한 책임을
지배계층에 돌리는 것이다." (『권력의지』)

▷ "볼테르는 인간의 영혼을 그리스적인 중용으로 조절한 마지
막 위대한 극작가다." (『인간적인, 너무나 인간적인』)

▷ "기독교적인 이상, 인간애의 예찬으로 도피하지 않는 것이 볼
테르에서 콩트에 이르는 프랑스 자유사상가들의 박력이었
다." (『아침노을』)

▷ "볼테르는 도덕, 지식, 행복의 일치를 믿었기 때문에 과학의
촉진을 중시하였다." (『즐거운 지식』)

▷ "종교에 대한 볼테르의 적대성과 증오, 그것은 양심의 음악이
며 정신의 무용이다." (『선악의 피안』)

▷ "자연은 공포 상태이고, 인간은 야수이며, 문명은 이러한 야
수적 자연에 대한 거대한 승리라는 것이 볼테르의 결론이
다." (『권력의지』)

니체 선생님, 선생님의 저술 하나를 볼테르 선생님께 헌정했다는데 그
이야기를 해주세요.

니체: 나는 『인간적인, 너무나 인간적인』이라는 책의 부제로 '자유로
운 정신을 위해'라는 말을 붙였는데 볼테르 선생님의 서거 100주기

를 기념하기 위한 것이었습니다. 이 책에서 나는 상당히 과학적이고 실증주의적인 입장에 서서 헛된 이상에 들떠 있는 이상주의자들을 '너무나 인간적인 것'으로 비판했습니다. 예술에 빠져 있는 천재들도 비판했는데 이는 바그너를 염두에 둔 것이었습니다. 물론 나 자신도 이상을 추구했지만 그것은 헛된 이상이 아니라 현세를 긍정하는 구체적인 이상이었습니다. 『비시대적 고찰』에서 내가 낭만주의적 입장에서 천박한 현실주의를 비판했다면 이제 실증주의적 입장에서 천박한 이상주의를 비판한 것입니다. 전통적인 형이상학에 대한 비판이 주류를 이루었는데요. 볼테르에게 이 책을 헌정한 것은 프랑스 계몽주의 입장에서 종교적인 몽매주의를 비판한다는 의미도 담고 있었습니다. 책이 출판된 날 파리에서 누군가가 나에게 볼테르의 흉상을 보내왔습니다. 너무나 신기한 일이었지요. 동봉한 쪽지에는 "볼테르의 영혼이 프리드리히 니체에게 축하를 보낸다"라고 적혀 있었습니다. 나는 이 흉상을 책상 위에 놓고 바라보면서 매우 감동했습니다. 그것을 본 내 여동생은 불안해했지요. 계몽주의자로서 "파렴치를 분쇄하라!"라고 외쳤던 볼테르가 겪었던 불행을 생각하지 않을 수 없었기 때문입니다. 볼테르는 인간의 정신이 종교적 편견으로부터 해방되어 참된 자유를 쟁취할 것을 호소했는데 그 때문에 많은 박해를 받았고 항상 도피처를 염두에 두면서 살아야 했습니다. 여동생은 갑자기 울음을 터트렸습니다. 내가 왜 우느냐고 묻자 여동생은 이렇게 말하더군요. "볼테르는 편견의 세계와 맞서 더 잘 이겨낼 수 있어요. 더 강한 재질로 만들어졌거든요."

여기서 잠깐 두 선생님에 대한 철학사전의 해설을 소개해드리겠습니다. 일반적인 철학사전이 아니고 사회주의 국가인 북한에서 출간되었고 남한에서도 간행된 철학사전입니다. 〈장가계 철학 포럼〉에서도 이 사전의 항목을 소개해드렸기 때문에 참고로 여기서도 소개하는 것입니다.

 루소, 장 자크

[Rousseau, Jean Jacques] (1712~1778)

프랑스의 소부르주아 계몽주의학자. 시계공의 가정에서 출생하여 어릴 때 빈곤한 방랑 생활을 하다가 나중에는 가정교사도 하고 대사관의 문서 사업도 했다. 봉건 절대주의를 비판하는 논문을 써서 세상에 발표했다. 그것으로 하여 당시 반동적인 지배층으로부터 박해를 받았고 여러 번 추방당했다. 생애 말년에는 자서전 『참회록』을 쓰면서 빈궁과 고독 속에서 생을 보냈다. 철학적 견해에 있어서 루소는 이신론자로서 신의 존재를 시인하였으며 비물질적인 불멸하는 영혼의 존재를 인정했다. 그는 또한 이원론의 견지에서 정신과 물질을 영원히 존재하는 두 시원이라 했으며 모든 자연 현상의 시초로 간주하였다. 그의 견해에 의하면 정신은 적극적이며 물질은 수동적이며 생기가 없다. 인식론에서 그는 감각론의 입장에 서 있었다. 그는 자연이 맨 먼저 감각기관에 의하여 인식되며 감각은 지식의 원천이라고 주장했다. 루소는 많은 사회·역사적 및 정치적 견해들을 내놓았다. 그는 무엇보다도 봉건적 억압과 사회적 불평등을 폭로·비판했다. 그는 또한 사회적 불평등의 근원을 사적 소유에서 찾았다. 그의 견해에 의하면 인류사회의 첫 시기 '자연 상태'의 시기에는 사적 소유가 없었으며 따라서 사회적 억압과 불평등도 없었다. 사적 소유가 나오면서부터 사회적 억압과 불평등이 생겨났으며 사회에는 빈궁과 질병, 재난과 불행이 있게 되었다……. 루소는 사적 소유에 기초한 '시민사회'의 발생이 원시적인 '자연 상태'에 비하여 일보 전진이지만 불평등, 빈궁, 온갖 질병 같은 것이 생겼으므로 그것은 일보 퇴보라고 주장했다. 그는 『사회계약론』이라는 책에서 부르주아 민주공화국을 세울 것을 주장했다. 그의 견해에 의하면 국가는 부자와 가난한 사람들 사이의 계약에 의하여 생겨난 기구이다. 그가 이상으로 삼은 국가는 결국 이상화된 부르주아 국가에 불과했다. 그는 미학론에서 인민의 생활과 떨어져 있으며 내용 없는 궁정 예술을 비판하고 예술의 민주주의적이고 사실주의적인 요구들을 제기했다. 루소의 철학 및 사회정치적 견해들은 그 모든 상대적 진보성에도 불구하고 많은 제한성을 가지고 있다. 그의 학설은 프랑스 부르주아혁명을 사상적으로 준비하는 데에서 중요한 역할을 했다.

(『철학사전』, 도서출판 힘, 1988, 189쪽)

볼테르, 프랑수아 마리

[Voltaire, François-Marie] (1691~1778)

프랑스의 계몽학자이며 작가이며 철학자. 파리에서 출생하여 일찍부터 교회와 봉건적 질서를 비판했으며 두 번이나 바스티유 감옥에 투옥되었다. 후에 추방되어 영국에서 살다가 1733년에 귀국하여 『철학서간』을 발표했다. 이 책은 반봉건적 내용 때문에 소각되었다. 그는 주관적 관념론자들의 견해를 반대하고 "외부의 제 대상은 현실적으로 존재한다"라고 하는 유물론적 원리를 옹호했다. 그의 견해에 의하면 물질적 대상들은 우리 밖에 객관적으로 존재하며 그것들이 우리 감각기관에 작용하면 감각이 발생한다. 볼테르는 유물론적 감각론의 지지자였다. 그는 데카르트의 '생득관념'을 반대하고 인간의 모든 개념, 사상은 감각으로부터 발생한다고 했다. 그의 견해에 의하면 감각은 세계에 대한 지식이 우리의 의식에 들어오는 창문이다. 감각, 경험의 도움 없이는 어떠한 것도 인식할 수 없다. 진리는 다만 세 가지 방도에 의해서만 인식될 수 있는데 그것은 직관, 감각 및 축적된 개인성 혹은 증명의 방법이다. 그러나 그의 감각론은 철저하지 못하여 경험이 물질세계의 존재뿐 아니라 '신'의 존재도 증명한다고 했다. 그는 이신론의 신봉자였다. 그는 '신'의 존재를 비록 증명할 수 없다고 하더라도 '신'은 모든 것을 운동시키는 '제1원동자'의 역할을 한다고 했다. 심지어 그는 '평민'을 단속하며 '질서'를 세우기 위해서는 '신'이 존재하지 않는다고 하더라도 그것을 만들어내야 한다고 했다. 볼테르의 사회정치적 견해에는 귀족정치의 현저한 영향이 나타나 있었다. 그는 봉건적 제정치에 대하여 날카로운 비판을 가하면서도 생의 말기까지 '계몽된' 전제정치를 자기의 이상으로 삼았다. 그 이후 '제3신분'과 전제정치 사이의 모순이 첨예화됨에 따라 입헌군주주의적 사상에 기울어졌다. 그는 인민 대중에 대하여 멸시적이며 적대적인 태도까지 취했다. 이것은 부르주아 계몽사상의 계급적 성격을 보여준다.

(같은 책, 264~265쪽)

그럼 현대 철학자들의 평가와 사전의 소개말에 대한 두 선생님들의 소감을 듣겠습니다.

루소: 전체적으로 인정합니다. 그러나 니체의 비판은 좀 지나치다는 생각이 듭니다. 나도 니체의 철학에 대하여 비슷하게 혹은 더 심하게 비판할 수 있습니다. 그러나 생각은 자유이기 때문에 그만두겠습니다.

볼테르: 나는 전반적으로 동의합니다. 특히 상당히 고립되어 있는 북한에서 나의 사상이 비교적 정당하게 평가되고 있다는 인상을 받았습니다. 그런데 사회자는 왜 북한의 철학사전만 소개하고 남한의 철학사전은 소개하지 않습니까?

남한에는 너무 많은 철학사전이 나와 있고 거기 실린 내용은 프랑스나 독일에 소개되는 내용과 비슷하기 때문입니다. 현재 남아 있는 얼마 안 되는 사회주의 국가에서 선생님들의 사상이 어떻게 이해되고 있는지를 알아보는 것도 흥미로운 일이 아니겠습니까?

볼테르: 이해가 됩니다.

칸트: 긴급 요청이 있습니다. 이 사전이 나에 대해 어떤 해설을 했는지 무척 궁금하네요. 내가 많은 비판을 받았을 것 같은데!

루소와 볼테르: 한 번 소개해주세요.

세 선생님의 요청에 따라 소개해드립니다.

칸트, 임마누엘

[Kant, Immanuel] (1724~1804)

관념론을 주장한 독일 고전 철학의 첫 제창자. 가죽 가공 노동자의 가정에서 출생했다. 쾨니히스베르크(현재 칼리닌그라드) 대학에서 철학, 수학, 물리학, 신학을 배웠으며 졸업 후 9년 동안 가정교사로 있었다. 그 사이 학위를 얻고 대학 교원이 되었다. 일생을 독신으로 지냈으며 72살까지 강의했다. 칸트의 사상이론 활동은 1770년까지의 '비판 전기'와 그 이후의 '비판 후기'로 갈라진다. 그는 '비판 전기'에 주로 자연과학 연구에 종사했다. 이 시기 그의 세계관에는 자연 발생적 유물론과 변증법의 요소가 많은 것이 특징이다. 이 시기에 칸트는 태양계의 기원에 관한 가설을 제창해 천체의 역사적 발전에 관한 사상을 확립했다. 칸트는 한때 나에게 물질을 주면 나는 당신들에게 물질에서 우주가 반드시 발생함을 보여줄 것이라고 한 데카르트의 말에 동조했다. 천체의 역사적 발전에 관한 사상은 변증법적 사유 발전에 기여한 칸트의 중요한 공적의 하나이다. 그러나 이 시기에 칸트는 신이 우주의 직접적 건축가라는 것을 부정하면서도 신적인 정신이 자연 물질적 과정을 위한 필수적 전제라고 주장함으로써 불철저성을 나타내었다. '비판 후기'에 칸트는 '비판적 관념론'의 철학 체계를 내놓았다. 칸트의 '비판적 관념론'의 출발 사상은 그 무엇을 인식하기 전에 우선 인식 능력과 그 가능성을 연구해야 된다는 것이다. 칸트에 의하면 인식 능력은 그 무엇에 의해 영원히 부여된 것이며 불변적인 것이다. 벌써 여기에 인식의 본질을 연구할 과업을 제시하면서도 그것을 끝까지 해결하지 못한 칸트 철학의 근본 제한성이 있다. 그러나 칸트는 선행 연구자들이 자명한 것으로 취급하던 여러 명제들을 아직 해명을 요하는 문제로 제기했다. 예컨대 그는 범주의 발생에 대한 문제를 제기했다. 또한 그는 감각기관을 자극하는 '사물 그 자체' 즉, 객관적 세계의 존재를 시인했는데 그것은 칸트 철학의 유물론적 측면이다. 그러나 칸트는 "그것들 자체가 무엇인가에 대해서는 우리는 아무것도 알지 못하며 다만 그것들의 현상, 다른 말로 하면 그것들이 우리의 감각에 작용해 탄생시키는 표상만을 우리는 알 따름이다"라고 함으로써 불가지론에 떨어졌다. 그에 의하면 자연의 모든 과정을 지배하는 법칙들은 '사물 그 자체'의 세계와는 원칙적으로 구별되는 현상의 세계이다. 그런데 이 현상의 세계는 우리의 의식에 의해서 구성되는 것이다. 이 밖에 칸트는 감성적 직관과 오성, 이성의 세 단계에 관한 사상, 범주에 관한 사상, '이율배반'에 관한 사상 등 제한적이나마 철학사 발전에서 의의 있는 사상 이론들을 제기했다. 칸트의 불철저성, 제한성은 윤리적 미학적 견해, 사회정치적 견해에서 더욱 극심하다. 칸트의 윤리학은 과학과 종교의 타협, 신앙에의 지식의 종속을 '근거 짓는 데' 목적을 두고 전개되었다. 그것은 인간의 행위에 대한 현실적인 도덕적 평가에 의해서가 아니라 '순수이성'의 순전히 형식적인 명령(지상 명령)이 어떠한 것인가에 대해 논하고 있다. 칸트는 미학에서도 아름다운 것을 온갖 이해관계와 온갖 내용에서 분리시켜 하나의 순수 형식의 분야에 국한시켰다. 칸트의 정치사회적 견해에는 부르주아적인 개혁을 동경하지만 그와 함께 혁명을 두려워하며 귀족과의 타협을 지향하는 취약한 독일 부르주아지의 불철저성이 반영되어 있다. 칸트는 인민 대중의 혁명을 적대시하고 정부의 '창의'에 의해 실현되는 개혁을 지지했다. 칸트는 전쟁과 평화에 관한 문제에서 인민들 간의 평화 유지의 필연성에 관한 사상을 제시하면서도 그것을 구체적인 역사적 과업과 동떨어진 칸트 선생님, 소감이 어떻습니까?

칸트: 이 사전은 주로 맑스와 엥겔스의 해석에 의존했다는 생각이 듭니다. 그러나 내가 생각했던 것보다 비판을 덜 받은 것 같고 객관성도 어느 정도 유지되고 있습니다. 감사합니다.

참고로 말씀드리면 북한에서도 독일 관념론에 대한 연구가 상당히 진척되었습니다. 예컨대 1957년에 이미 북의 철학자 함봉석이 『독일 고전 관념론과 헤겔 변증법 비판』이라는 책을 저술했으며, 북의 철학자 김인철이 저술한 『독일 고전 철학 비판』이 남한에서도 1989년에 출간되었습니다.

칸트: 그럼 왜 이 포럼에 북한 학자들을 초청하지 않았습니까?

남한에는 아직 실증법이 존재하여 남과 북의 자유로운 학술교류를 차단하고 있습니다.

칸트: 매우 유감입니다. 자유로운 학문 연구와 토론의 자유를 침해하

는 그러한 법은 매우 시대착오적이기 때문에 빨리 폐기되어야 합니다. 이 포럼에 북한의 철학자들도 참여했으면 얼마나 좋았겠습니까? 통일이 되면 나는 꼭 북한의 철학자들과 독일 고전 철학에 대해 토론해보고 싶습니다.

미래의 철학

시간이 흘러 이제 우리 포럼을 종결해야 할 시간이 되었습니다. 여기서는 지금까지의 토론을 종합하는 의미에서 전반적인 문제에 관해 토론해보겠습니다. 먼저 칸트 선생님이 두 철학자 선생님을 비교하여 전반적인 소감을 말씀해주세요.

칸트: 두 선생님은 다 같이 중세의 봉건제도와 그것을 밑받침으로 하는 정치적·사회적·종교적·철학적 이념에 대한 투쟁을 전개하는 점에서 일치했습니다. 그러나 그것은 하나의 출발점에 불과했고 두 분의 사상이 성숙함에 따라 이념적 차이가 벌어졌습니다. 루소 선생님이 이상으로 삼는 인간이 자연을 배경으로 하는 감성적인 인간이라면, 볼테르 선생님이 이상으로 삼는 인간은 문화에 발맞추어 전진해가는 이성적인 인간이었습니다. 루소 선생님이 원시 자연 상태를 인간의 낙원으로 보고 문명의 발전과 더불어 인류가 점점 더 타락했다는 비관론에 빠졌다면, 볼테르 선생님은 문명의 발전에 의하여 인류는 진보하고 행복을 증가시킬 수 있다는 낙천적인 신념에 젖어 있

었습니다. 언제나 감정과 정열을 억누를 길이 없어 안정을 잃었던 루소 선생님이 시민사회의 생활을 견디어낼 수 없어 자연과 고독 속으로 도피하려 했던 반면, 인간이 이룩한 문화 속에서 최대의 긍지를 느끼는 볼테르 선생님은 귀족사회에 어울려 물속의 고기처럼 유연하게 움직였습니다. 인간의 이성과 학교 교육의 역할을 별로 신뢰하지 않았던 루소 선생님이 무식한 평민 출신의 여인과 결혼하면서 모든 인간의 평등을 부르짖고 민중의 힘을 가장 근본적인 요인으로 승화시킨 반면, 대중의 힘을 과소평가한 볼테르 선생님은 계몽화된 군주가 민중을 이성적으로 이끌어갈 수 있다고 생각했습니다. 사유재산을 소유하는 권리를 자연권으로부터 배제하고 철저하게 민중의 자유를 구가한 루소 선생님과 달리 볼테르 선생님은 사유재산의 소유권을 포함한 인간의 이성적인 자유와 질서를 강조했습니다. '일반의지'에 전권을 부여함으로써 루소 선생님은 다음에 나타날 혁명의 정당성을 마련해주었다면, 볼테르 선생님은 제도의 변혁 자체는 아무런 효과도 이룰 수 없다는 신념 아래 급진적인 사회제도의 변혁보다 계몽을 통한 인간 본성의 개조를 부르짖었습니다. 루소 선생님은 형식적으로 개신교와 가톨릭 사이를 우왕좌왕하면서 그러나 내용적으로는 무신론과 유물론을 반대하고 범신론적인 종교관을 유지한 반면, 볼테르 선생님은 외형적으로는 이신론자이고 종교를 인정하지만 내용적으로는 무신론자였습니다. 루소 선생님이 무산계급의 이익을 대변했다면 볼테르 선생님은 제3신분 가운데서도 상층에 있는 대부르주아지의 이익을 대변했습니다. 루소 선생님의 심장은 불행한 인민들을 억압하는 압박과 억압자들에 대한 증오로 가득 차 있었고 볼테르 선생님의 심장은 종교라는 이름으로 불의와 비이성적인 행위를 서슴지 않는 광신자들에 대한 증오로 가득 차 있었습니다. 그러나 두 선생님 모두 인간이 인간답게 살 수 있는 행복한 사회의 실현을 위해 일생을 바쳤습니다.

간명하게 잘 요약해주셨습니다.

칸트: 사회자에게 묻겠습니다. 사회자가 살고 있는 한국에서 두 선생님의 저술과 사상이 어떻게 수용되고 있습니까?

세 선생님 가운데 철학적으로 한국에서 가장 인기 있는 분은 칸트 선생님입니다. 선생님의 주요 저술들은 대부분 한국에서 번역되었고 철학자들 사이에서 많이 연구되고 있습니다. 루소 선생님의 저술도 대부분 번역되어 있는데 철학계보다 교육계에서 더 활발하게 논의되고 있습니다. 『에밀』은 여러 종류의 번역본이 나왔으며 교육학자들의 논쟁에서 이 책이 빠지지 않습니다. 유감스럽게도 볼테르 선생님은 한국에서 큰 인기가 없습니다. 철학자가 아닌 희곡작가로 이해되고 있습니다. 물론 선생님의 철학 저술 가운데 『철학서간』, 『관용론』, 『불온한 철학사전』이 번역되어 있지만 철학계에서 다루어지는 경우는 드뭅니다. 대부분의 철학자들은 선생님의 이름을 잘 알지 못하는 것 같습니다.

칸트: 볼테르 선생님처럼 중요한 철학자가 한국에서 경시되는 이유가 무엇일까요?

한국의 역사적 배경과 연관이 있습니다. 조선(분단 이전의 한반도)은 36년 동안 일본의 식민지였고 이 기간에 서양 철학이 일본학자들에 의해 소개되었는데 주로 독일 관념론과 실존주의 철학이었습니다. 조선에서는 통치계급에 의해서 유물론 철학이 억압되었고, 시민계급도 성장하지 못했습니다. 프랑스 계몽 철학과 같은 철학이 부재한 상황에서 시민혁명도 일어나지 못했습니다. 제2차 세계대전이 끝나면서 일본 대신에 조선이 분할되었고 지금 한국이 된 남쪽을 점령한 미군들은 철저한 반공정책을 주문했습니다. 미국의 조종 아래 성립된 한국 정부는 공산주의 철학을 소탕했고, 그 과정에서 무신론이나 유물론도 금기로 생각되었습니다. 종교를 비판하며 혁명을 부추기는 철학이 환영받지 못한 것은 자연스러운 일입니다. 그 때문에 프랑스 철학 대신에 독일 철학이, 맑스주의 철학 대신에 실증주의, 분석 철학 등 각종 현대 부르주아 관념론 철학이 한국의 현대 철학을 주도하게 되었습니다. 그러나 1980년대를 기점으로 젊은 학생들 사이에서 진보적인 철학에 대한 관심이 많아지는 추세이므로 한국 철학의 전망도 어둡지만은 않습니다.

볼테르: 어느 나라에나 있게 마련인 과도적인 현상입니다. 그러나 그러한 현상이 너무 오래 지속되면 안 됩니다. 자유로운 학문 연구나 철학 연구가 제한을 받는 나라에서는 참된 민주주의가 실현될 수 없다는 것을 인류의 역사가 잘 보여주지 않습니까? 이 토론을 계기로 한국에서 자유로운 학문 연구가 더 활발하게 이루어지기를 바랍니다. 동시에 우리가 염원했던 프랑스혁명처럼 이곳 사람들이 갈망하는 통일도 곧 이루어지면 좋겠습니다.

루소: 맞습니다. 볼테르 선생님과 나의 저술들을 박해하던 프랑스의 앙시앵레짐(ancien régime; 구체제)*은 결국 혁명에 의해서 무너지고 말았습니다. 같은 핏줄, 언어, 문화를 가진 민족이 강대국의 강요로 분단되는 사실은 양심적인 인간에게 분노의 대상이 되지 않을 수 없습니다. 이러한 분단에서 고통을 받는 것은 일반 민중들입니다. 지배계층은 분단에서 오는 기득권을 누리며 통일에 관심이 없을지도 모릅니다. 내가 생존했던 프랑스 사회에서도 비슷하게 고통을 받는 것은 민중이었습니다. 세계 지성인의 양심은 모두 힘을 합해 분단국가의 통일을 지원해야 합니다. 남의 일이라 해서 외면하는 것은 세계 평화의 실현에 등을 돌리는 비겁한 지식인들의 근시안적인 행위입니다. 제국주의 국가들의 지성인들이 크게 반성해야 하는 것처럼 약소민족의 지성인들도 각성하고 강대국의 사상을 무조건 추켜세우는 환상에서 깨어나야 합니다. 내가 보기에 지금 한국인들에게 가장 절실한 문제는 자주·민주·통일인 것 같은데 그러한 문제를 해결하는 데 어떤 도움도 주지 못하는 서양 철학을 한국 사람들이 머리를 싸매고 연구할 필요가 있겠습니까? 한국 사람들에게는 그러한 철학이 일종의 지적인 유희에 불과합니다. 우리는 철학을 항상 자신의 입장을 고려하여 비판적으로 받아들여야 합니다. 여하튼 한국이 하루 빨리 통일이 되어 소박한 민중들이 자유롭고 평화스러운 삶을 살아가면 좋겠습니다.

---

* 1789년의 프랑스혁명 때에 타도의 대상이 된 정치 경제 사회의 구체제를 말한다. 16세기 초부터 시작된 절대 왕정 시대의 체제를 가리키지만, 넓은 의미로는 근대 사회 성립 이전의 사회나 제도를 가리키기도 한다.

감사합니다.

칸트: 제가 좀 부언한다면 프랑스 계몽주의 철학자들은 이성적인 시민
사회를 염원하고 투쟁했습니다. 그들의 이념이 이끌어준 혁명이 아니
었다면 인류는 아직도 봉건주의의 모순 속에서 헤매고 있을지 모릅
니다. 다시 말하면 시민사회가 성립된 것은 이들의 노력 덕분입니다.
우리 독일 철학은 이들이 시작한 시민혁명을 완성하는 임무를 담당
했습니다. 그러나 시민계급은 기득권을 획득하자 입장을 바꾸었습니
다. 노동자와 민중의 고통을 외면하고 시민혁명의 열매를 독차지하
려 했습니다. 이에 편승한 지식인들이 이성을 비판하고 비합리적인
것을 강조하면서 사회의 변혁보다 현상 유지에 눈을 돌렸습니다. 철
학이 본질적인 문제보다도 지엽적인 문제에 관심을 가졌지요. 개인
주의적인 철학이 활개를 쳤습니다. 실증주의, 분석 철학, 실존주의,
실용주의가 모두 그렇습니다. 이기주의가 개인주의로 둔갑하여 민중
의 판단력을 흐리게 만들었습니다. 민중의 혁명적인 투쟁의지를 마
비시켰습니다. 나로부터 출발하여 헤겔에 이르는 독일 철학은 관념
론이라는 한계에도 불구하고 프랑스 계몽 철학이 이룩한 성과를 계
승하고 발전시키려 했습니다. 다시 말하면 이성적인 사회를 실현하
는 데 기여한 것입니다. 물론 너무 관념론에 치우쳤던 제한성도 인정
합니다. 그러나 독일 관념론 이후의 철학은 대부분 인류가 쌓아올린
이성을 파괴하는 데 앞장섰습니다. 키르케고르, 베르그송, 쇼펜하우
어, 니체의 철학이 그것을 잘 보여줍니다. 실증주의 철학은 과학 철
학이라는 가면을 쓰고 현상 유지에 안간힘을 썼습니다. 주관적 관념

론을 밑받침으로 하는 다양한 현대 부르주아 철학과 현상에 매달리는 실증주의 철학은 민중의 투쟁의지를 마비시키는 역할을 할 뿐입니다.

(일동 우레 같은 박수)

고맙습니다. 칸트 선생님이 철학의 대가답게 지역의 한계를 벗어나 인류의 미래를 위한 철학의 방향을 제시해주었습니다. 마지막으로 두 선생님의 결론과 함께 포럼을 끝마치겠습니다. 장시간 자리를 지켜주신 참가자 여러분과 세계 시청자들께 감사드립니다.

볼테르: 미래의 철학은 보편적인 이성을 추구해야 합니다. 그것이 정치·경제·문화를 주도해가게 만들어야 합니다. 모든 인간은 편견을 분쇄하고 서로 협조하면서 세계 평화를 달성하는 데 전념해야 하며 철학은 그것을 위한 이론적인 무기가 되어야 합니다.

(일동 우레 같은 박수)

루소: 빈부의 격차, 지배자와 피지배자 사이의 갈등이 사라지고 인간이 인간답게 살 수 있는 사회의 건설을 위하여 철학·교육·예술이 총동원되어야 합니다. 나는 앞에서 「조국은 하나다」라는 김남주 시인의 서를 듣고 무척 감동했습니다. 이 나라가 빨리 통일이 되어 하나의 조국 안에서 시인들이 즐거움을 노래하기를 빕니다. 시인들은

물론 철학자들도 항상 민중의 편에 서서 역사의 올바른 발전 방향
을 가리켜주는 나침반이 되기를 바랍니다.

(일동 우레 같은 박수)

더 읽어보기

프랑스혁명

1789년부터 1795년까지 발생한 프랑스혁명은 인류의 역사를 양분하는 결정적인 사건이었다. 1789년 5월 5일자로 프랑스 왕 루이 16세는 더 많은 세금을 걷어 들이기 위해서 일반신분의회를 소집했다. 제3신분의 대표자들은 7월 9일에 왕의 요구를 거절하고 자신들의 요구를 관철하기 위한 국민의회를 선포했다. 루이 16세가 국민의회를 무력으로 해산시키려 하자 7월 14일에 인민들이 봉건적 전제정치의 상징인 바스티유 감옥을 습격하면서 혁명이 시작되었다. 혁명의 제1단계에서는 대 부르주아지가 권력을 장악하고 입헌군주제를 성립시켰다. 제2단계에서는 상업, 농업, 산업 부르주아지가 혁명을 주도했으며, 1792년 10월에 왕정이 타도되었다. 그해 9월 20일에 발미에서 프로이센을 격퇴한 혁명 지도부는 1793년 초에 루이 16세와 황후 마리 앙투아네트를 처형했다. 제3단계에서는 중간 부르주아지 및 소시민의 대표자들이 농민과 천민(상퀴로트)의 지지 아래 봉건 잔재를 청산하고 혁명을 완수하려 했다. 혁명 완수의 임무를 맡은 자코뱅당의 지도자는 로베스피에르, 마라, 당통, 생 쥐스트였다. 제4단계(1794)에서 다시 대 부르주아지가 권력을 장악하고 하층 민중이 아닌 부르주아가 중심이 되는 시민사회를 만들어갔다. 민중이 정권의 주체가 되어야 한다는 프랑스혁명의 정신은 훗날 파리코뮌에서 잠시 부활한다. 1871년 3월 18일부터 5월 28일까지 72일간 존재했던 파리코뮌은 최초의 프롤레타리아 독재로서 인류의 역사에 많은 빛을 던져주었다. 자유, 평등, 박애의 기치 아래 봉건체제를 무너뜨린 프랑스혁명은 민중의 위대한 승리였지만 그 열매를 가로챈 부르주아계급은 인민을 배반하고 스스로의 지배권을 강화하기 위해 1870년 7월 19일에 외국(독일)에 대한 침략 전쟁을 일으켰다. 그러나 프랑스군은 독일군에게 참패했고 프러시아군이 오히려 파리를 함락하려고 포위했다. 이러한 절체절명의 시기에 조국을 방어하기 위해서 일어선 것이 노동자가 중심이 된 국민자위군이었다. 반동지배계급은 외국의 침략자보다도 자국의 무장한 인민들을 무서워하면서 1871년 1월 28일에 독일과 치욕적인 강화조약을 체결하고 독일의 지원 아래 인민 봉기를 탄압하는 데로 눈을 돌렸다. 파리의 노동자들은 용감한 투쟁으로 3월 18일에 파리를 장악했으며 3월 26일에 코뮌위원들이 선거에 의해 선출되었고 3월 28일에 코뮌이 선포되었다. 이렇게 하여 노동자가 중심이 되는 무산계급의 정부가 최초로 탄생한 것이다. (참고 문헌: 『프랑스 대혁명』, 알베르 소불 지음, 양영란 옮김, 두레, 2016.)

루소의 『고백록』 맛보기

아우구스티누스의 『참회록』, 괴테의 『시와 진실』과 함께 걸출한 자서전으로 꼽히는 루소의 『고백록』은 그 대담한 서술 내용 때문에 많은 사람들의 주목을 받았다. 루소는 여기서 자기의 삶에 관하여 좋은 일뿐만 아니라 부끄럽고도 수치스러운 일도 빠짐없이 솔직하게 기록했다. 그와 연관되는 부분을 소개한다. "나는 지금까지 유례가 없었고 앞으로도 아무도 흉내 낼 수 없는 일을 시도해 보려고 한다. 나와 같은 인간들 앞에 한 인간을 완전히 자연 그대로의 모습으로 보여주고 싶다. 그리고 이 인간은 바로 나다. 나뿐인 것이다. 나는 내 마음을 잘 알고 있다. 그리고 사람들이 대강 어떠한가를 알고 있다. 나는 내가 보아온 그 누구와도 똑같이 만들어져 있지 않다. 현재 살아 있는 그 누구와도 같다고 생각하지 않는다. 훌륭하지는 못하다 할지라고 최소한 다른 사람과는 다르다. 자연이 부어넣은 거푸집이 깨어져버린 것이 잘된 일인지 잘못된 일인지는 내가 쓴 기록을 다 읽은 후에 판단하기 바란다. 최후 심판의 나팔이 어느 때 울려도 좋다. 나는 이 책을 손에 들고 지고한 심판자 앞에서 큰 소리로 외칠 것이다. "이것이 내가 한 일입니다. 생각한 것입니다. 지난날의 모습입니다. 착한 것도 악한 것도 똑같이 솔직하게 말했습니다. 나쁜 것이라 해서 무엇 하나 감추지 않았고, 좋은 것이라 해서 무엇 하나 보태지 않았습니다. 가끔 무엇인가 적당히 꾸민 것이 있다면 그것은 기억을 잃은 데서 온 것이고 비어 있는 곳을 채우기 위한 것에 지나지 않습니다. 참인 줄 알고 참이라고 한 일은 있어도 거짓인 줄 알면서 참이라고 한 적은 절대로 없습니다. 나는 내가 지녔던 이전의 모습을 그대로 보였습니다. 비열하고 천한 인간이었을 때나 착하고 너그럽고 품위 있는 인간이었을 때나 그대로 보였습니다."

_시작 부분

"빵을 얻기 위해 글을 쓴다는 것은 머잖아 자신의 천재를 질식시키며 재능을 죽이는 것이다. 재능은 펜 끝에 있다기보다는 마음속에 있는 것으로서, 고상하고 자랑스러운 사고방식만이 재능을 길러준다. 어떤 참신하고 위대한 작품도 돈벌이만을 목표로 하는 펜에서는 나올 수 없다. 돈 때문에 펜을 든다면 좋은 작품을 쓴다기보다 빠른 작품을 쓰게 될 것이다. 빨리 쓴 작품으로 성공을 바란다면 음모에 빠지기 쉬우며, 유익하고 참된 작품보다는 대중의 인기에 영합하는 작품을 쓰게 될 것이다. 그랬다면 나는 우수한 작가가 되었다기보다는 삼류작가밖에 되지 못했을 것이다. 그것은 안 될 말이다. 작가란 글 쓰는 것을 직업으로 여기지 않을 때만 환영을 받고 존경을 받을 수 있다고 나는 생각해왔다. 살아가는 것만을 생각하며 고상한 사고방식을 갖는다는 것은 어려운 일이다. 위대한 진리를 말하는 힘과 용기를 갖기 위해서는 성공을 도외시하지 않으면 안 된다. 나는 다른 것은 전혀 생각하지 않고 공공의 복지만을 위해 말한다는 확신을 갖고 대중 앞에 책을 내놓았다. 그 책이 환영을 받지 못한다면 손해는 책을 보지 않은 사람들의 몫이다. 그러므로 나는 그들의 칭찬이 먹고살기 위해 필요한 것이 아니었다. 나는 책이 안 팔려도 내 직업으로 먹고 살 수 있었다. 바로 그 때문에 내 책은 팔린 것이다."

_중간 부분

"나는 진실을 말했습니다. 만일 누군가 내가 말한 것과 반대되는 내용을 알고 있고 그에 대한 무수한 증거가 있다고 말한다면 그것은 거짓말이며 조작일 것입니다. 내가 살아 있을 때 나와 함께 그 진실을 파헤쳐보자는 나의 제안을 거부한다면 그는 정의도 없고 진실도 사랑하지 않은 사람입니다. 나는 소리 높여 아무 거리낌 없이 단언하겠습니다. "내가 쓴 책을 읽지 않았더라도 자신의 눈으로 나의 천성, 나의 성격, 나의 품행, 나의 경향, 나의 취미, 나의 습관을 잘 살펴본 결과 나를 불성실한 사람이라고 판단하는 사람이 있다면 그는 스스로 목숨을 끊어야 할 사람입니다."

_끝 부분

볼테르의 『철학사전』 맛보기

볼테르는 『백과전서』의 많은 항목을 기술하였는데 나중에 그것을 묶어 『철학사전』이라는 책으로 펴냈다. 한국에서는 그 일부가 『불온한 철학사전』이라는 이름으로 번역 출간되었다. 그 가운데서 흥미 있는 몇 개의 항목을 요약해서 소개한다.

▷ [철학] 불어에서는 철학을 Filosofie 혹은 Philosophie로 표기한다. 그러나 일단 철학이 나타나면 박해를 받는다는 사실을 누구나 인정하지 않을 수 없다. 개는 싫어하는 것이 나타나면 물어뜯는다……. 중국을 제외한 모든 문명국가에서, 철학자들만이 할 수 있는 일을 승려들이 가로챘는데 그것은 인류를 불행과 치욕으로 내모는 원인이 되었다……. 어느 시기에나 국가에 막대한 손해를 끼친 것은 패권주의와 결부된 광신이며 철학은 결코 국가에 손해를 끼치지 않았다.

▷ [미신] 미신에 사로잡힌 자와 악당의 관계는 노예와 폭군의

관계와 같다. 아니, 그것 이상이다. 미신에 사로잡힌 자는 광신자의 조종에 의하여 스스로 광신자가 된다. 미신은 이교에서 발생하여 유대교로 전이되었고 처음부터 기독교를 오염시켰다. 모든 교부들은 예외 없이 마법의 힘을 믿었다. 교회는 항상 마법을 저주하면서도 동시에 믿었다. 교회는 마법사를 사기 당한 바보로 파문하는 것이 아니라 악마와 교제하는 인간으로 다루었다……. 한 종파의 종교적 핵심은 다른 종파에서 미신으로 공공연하게 선언되었다. 이슬람교도들은 모든 기독교 집단에게 미신의 누명을 씌우지만 스스로도 그 누명에서 벗어나지 못했다. 누가 이와 같이 중요한 논쟁에서 결말을 지을 수 있는가? 이성인가? 그러나 모든 종파는 이성이 자기편이라고 주장한다. 결국 폭력이 결정을 하게 되고 그러면서도 이성은 폭력이 배제되었다고 사람들의 머리를 설득한다.

▷ [사랑] 사랑에는 종류가 매우 많다. 그러므로 사랑을 정의하려면 누구에게 물어야 할지 모른다. 경솔한 사람들은 며칠 동안의 변덕, 애정 없는 육체적 관계, 존중의 마음이 없는 감정, 환심을 사기 위한 꾸며낸 태도, 감정이 개입되지 않는 습관, 소설적인 환상, 처음에는 좋다가도 환멸로 끝나는 애정 등 수많은 망상들을 사랑이라 부른다……. 짝짓기를 할 때 동물은 대부분 한 가지 감각으로만 쾌락을 맛본다. 그리고 욕구가 충족되는 순간 모든 것이 사라진다. 인간 외의 어떤 동물도 포옹하지 않는다. 인간만이 온몸으로 느끼고 특히 입술을 통한 관

능을 맛본다. 그것은 인간만이 누리는 쾌락이다. 또 인간은 언제나 사랑할 수 있지만 동물은 정해진 시기에만 교미가 가능하다. 인간에게 주어진 이러한 우월한 특성 때문에 "무신론자들 사이에서는 사랑을 통해서 신성을 체험한다"라고 하는 말이 통용된다.

▷ [결혼] 결혼에 관한 수다쟁이들의 말을 들어보자. "백성들을 가능한 한 빨리 결혼시키고 첫 해에 세금을 면제해줍시다. 그 대신 같은 또래의 독신자들에게서 부족한 몫을 거두어들입시다." "결혼한 남자들이 많으면 범죄도 줄어든다. 끔찍한 범죄의 기록을 들춰보라. 교수형과 같은 극에 처해진 사람들 중 독신자가 100명이라면 기혼자는 1명에 불과하다." "남자는 결혼을 하면 덕이 높아지고 더 지혜로워진다. 범죄를 계획했다 하더라도 아내가 말려 포기하는 경우가 많다. 부인들이 남편들보다 성격이 더 유순하고 관대하다. 부인들은 절도나 살인을 두려워하고 신앙심도 더 깊다." "가정의 가장은 자기 아이들 앞에 부끄러운 모습을 보이기 싫어한다. 불명예를 유산으로 물려주고 싶지 않기 때문이다." "병사들을 결혼시켜라. 그러면 그들은 가족 때문에 조국을 버리지 않을 것이다. 독신자 병사는 나폴리의 왕을 섬기든 모로코의 왕을 섬기든 별 상관하지 않고 옮겨 다니는 경우가 많다." "로마 전사들은 결혼했다. 그들은 처자식을 위해 싸웠고 다른 나라의 여자와 아이들을 노예로 삼았다."

푸른들녘 인문·교양 시리즈

인문·교양의 다양한 주제들을 폭넓고 섬세하게 바라보는 〈푸른들녘 인문 교양〉 시리즈. 일상에서 만나는 다양한 주제들을 통해 사람의 이야기를 들여다본다. '앎이 녹아든 삶'을 지향하는 이 시리즈는 주변의 구체적인 사물과 현상에서 출발하여 문화·정치·경제·철학·사회·예술·역사 등 다방면의 영역으로 생각을 확대할 수 있도록 구성되었다. 독특하고 풍미 넘치는 인문 교양의 향연으로 여러분을 초대한다.

2014 한국출판문화산업진흥원 청소년 권장도서 | 2014 대한출판문화협회 청소년 교양도서

001 옷장에서 나온 인문학

이민정 지음 | 240쪽

옷장 속에는 우리가 미처 눈치 채지 못한 인문학과 사회학적 지식이 가득 들어 있다. 옷은 세계 곳곳에서 벌어지는 사건과 사람의 이야기를 담은 이 세상의 축소판이다. 패스트패션, 명품, 부르카, 모피 등등 다양한 옷을 통해 인문학을 만나자.

2014 한국출판문화산업진흥원 청소년 권장도서 | 2015 세종우수도서

002 집에 들어온 인문학

서윤영 지음 | 248쪽

집은 사회의 흐름을 은밀하게 주도하는 보이지 않는 손이다. 단독주택과 아파트, 원룸과 고시원까지, 겉으로 드러나지 않는 집의 속사정을 꼼꼼히 들여다보면 어느덧 우리 옆에 와 있는 인문학의 세계에 성큼 들어서게 될 것이다.

2014 한국출판문화산업진흥원 청소년 권장도서

003 책상을 떠난 철학

이현영 · 장기혁 · 신아연 지음 | 256쪽

철학은 거창한 게 아니다. 책을 통해서만 즐길 수 있는 박제된 사상도 아니다. 언제 어디서나 부딪힐 수 있는 다양한 고민에 질문을 던지고, 이에 대한 답을 스스로 찾아가는 과정이 바로 철학이다. 이 책은 그 여정에 함께할 믿음직한 나침반이다.

2015 세종우수도서

004 우리말 밭다리걸기

나윤정 · 김주동 지음 | 240쪽

우리말을 정확하게 사용하는 사람은 얼마나 될까? 이 책은 일상에서 실수하기 쉬운 잘못들을 꼭 집어내어 바른 쓰임과 연결해주고, 까다로운 어법과 맞춤법을 깨알 같은 재미로 분석해주는 대한민국 사람을 위한 교양 필독서다.

2014 한국출판문화산업진흥원 청소년 권장도서

005 내 친구 톨스토이

박홍규 지음 | 344쪽

톨스토이는 누구보다 삐딱한 반항아였고, 솔직하고 인간적이며 자유로웠던 사람이다. 자유·자연·자치의 삶을 온몸으로 추구했던 거인이다. 시대의 오류와 통념에 정면으로 맞선 반항아 톨스토이의 진짜 삶과 문학을 만나보자.

006 걸리버를 따라서, 스위프트를 찾아서

박홍규 지음 | 348쪽

인간과 문명 비판의 정수를 느끼고 싶다면 『걸리버 여행기』를 벗하라! 그러나 『걸리버 여행기』를 제대로 이해하고 싶다면 이 책을 읽어라! 18세기에 쓰인 『걸리버 여행기』가 21세기 오늘을 살아가는 우리에게 어떻게 적용되는지 따라가보자.

007 까칠한 정치, 우직한 법을 만나다

승지홍 지음 | 440쪽

법과 정치에 관련된 여러 내용들이 어떤 식으로 연결망을 이루
는지, 일상과 어떻게 관계를 맺고 있는지 알려주는 교양서! 정
치 기사와 뉴스가 쉽게 이해되고, 법정 드라마 감상이 만만해
지는 인문 교양 지식의 종합선물세트!

008/009 청년을 위한 세계사 강의1,2

모지현 지음 | 각 권 450쪽 내외

역사는 인류가 지금까지 움직여온 법칙을 보여주고 흘러갈 방
향을 예측하게 해주는 지혜의 보고(寶庫)다. 인류 문명의 시원
서아시아에서 시작하여 분쟁 지역 현대 서아시아로 돌아오는
신개념 한 바퀴 세계사를 읽는다.

010 망치를 든 철학자 니체
vs. 불꽃을 품은 철학자 포이어바흐

강대석 지음 | 184쪽

유물론의 아버지 포이어바흐와 실존주의 선구자 니체가 한 판
붙는다면? 박제된 세상을 겨냥한 철학자들의 돌직구와 섹시한
그들의 뇌구조 커밍아웃! 무릉도원의 실제 무대인 중국 장가계
에서 펼쳐지는 세기의 철학 공개 토론에 참석해보자!

011 맨 처음 성性 인문학

박홍규 · 최재목 · 김경천 지음 | 328쪽

대학에서 인문학을 가르치는 교수와 현장에서 청소년 성 문제
를 다루었던 변호사가 한마음으로 집필한 책. 동서양 사상사와
법률 이야기를 바탕으로 누구나 알지만 아무도 몰랐던 성 이야
기를 흥미롭게 풀어낸 독보적인 책이다.

012 가거라 용감하게, 아들아!

박홍규 지음 | 384쪽

지식인의 초상 루쉰의 삶과 문학을 깊이 파보는 책. 문학 교과
서에 소개된 루쉰, 중국사에 등장하는 루쉰의 모습은 반쪽에
불과하다. 지식인 루쉰의 삶과 작품을 온전히 이해하고 싶다면
이 책을 먼저 읽어라!!

013 태초에 행동이 있었다

박홍규 지음 | 400쪽

인생아 내가 간다, 길을 비켜라! 각자의 운명은 스스로 개척하
는 것! 근대 소설의 효시, 머뭇거리는 청춘에게 거울이 되어줄
유쾌한 고전, 흔들리는 사회에 명쾌한 방향을 제시해줄 지혜로
운 키잡이 세르반테스의 『돈키호테』를 함께 읽는다!

014 세상과 통하는 철학

이현영 · 장기혁 · 신아연 지음 | 256쪽

요즘 우리나라를 '헬 조선'이라 일컫고 청년들을 'N포 세대'라 부르는데, 어떻게 살아야 되는 걸까? 과학 기술이 발달하면 우리는 정말 더 행복한 삶을 살 수 있을까? 가장 실용적인 학문인 철학에 다가서는 즐거운 여정에 참여해보자.

015 명언 철학사

강대석 지음 | 400쪽

21세기를 살아갈 청년들이 반드시 읽어야 할 교양 철학사. 철학 고수가 엄선한 사상가 62명의 명언을 통해 서양 철학사의 흐름과 논점, 쟁점을 한눈에 꿰뚫어본다. 철학 및 인문학 초보자들에게 흥미롭고 유용한 인문학 나침반이 될 것이다.

016 청와대는 건물 이름이 아니다

정승원 지음 | 272쪽

재미와 쓸모를 동시에 잡은 기호학 입문서. 언어로 대표되는 기호는 직접적인 의미 외에 비유적이고 간접적인 의미를 내포한다. 따라서 기호가 사용되는 현상의 숨은 뜻과 상징성, 진의를 이해하려면 일상적으로 통용되는 기호의 참뜻을 알아야 한다.

017 내가 사랑한 수학자들

박형주 지음 | 208쪽

20세기에 활약했던 수학자들을 통해 '인간의 얼굴을 한 수학'의 이면을 그렸다. 수학을 기반으로 어떻게 과학기술을 발전시켰는지, 삶의 질을 향상하는 데 어떤 방식으로 기여했는지, 인류사의 흐름을 어떻게 긍정적으로 변화시켰는지 보여준다.